ちくま学芸文庫

中国の思想

村山吉廣

筑摩書房

【目次】　中国の思想

現代の思想　249

中国の思想

はじめに

　中国の古典や思想に関心を抱いている人は多いけれども、そういう人の持っている知識はおおむね不正確であり、時として大いに間違っている。これはそれらが長い間正しく伝えられていなかったからである。正しく伝えられなかった理由には、およそつぎの二つのことが考えられる。

　第一は人々の持っている中国の古典や思想についての知識の多くが、江戸時代の儒者によって広められたものに基づいているということである。言うまでもなく当時の儒者とか漢学者とか言われる人々は、孔子や孟子の教えを信奉し、それらを世に伝えることを使命としていた人々であった。したがって彼らの伝えたものは「尊い教え」であり、「すぐれた道」であって、決して客観的な知識ではなかった。この傾向は明治以後になっても引きつがれ、ことに、人々が中国の古典や思想についての知識を授けられるおもな機会であった旧制の中学や高校の漢文という教科の中に依然として残されており、それが今日の高校の漢文の授業においても、なお払拭《ふっしょく》されていない面のあることは否定しがたいことである。

ところで、明治以後になると一方においてこうした傾向を排除しようとする一部の学者たちの間に、中国の古典や思想を解釈するのに好んで西洋の哲学や倫理学の概念を適用する風が見られるようになった。これは旧来の漢学者のもっていた固定観念から脱却しようとする点では意義があったが、本来、西洋の哲学や倫理学というものは、西洋という限られた地域内の文化に関する知識に基づいて形成されて来たものであるから、これらを歴史や文化の形態の異なる他地域のことがらにそのままあてはめることは、学問的にはなはだしい誤ちを犯す危険をもっていた。

しかし、中国のことに限らず、日本の学界ではそのようなことがつい最近までほとんど自覚されずにいたのが実状であった。これが中国思想の誤り伝えられた第二の理由である。

かくして「認識論」とか「形而上学」とか「唯物論」とかいうような概念で中国の思想を抽出したり分析したりした著書や論文が数多く作られることとなった。それらは世間では表題のめずらしさの故に何かすぐれた革新的な内容のもののように考えられ、世に迎え入れられることとなったが、実際には学問の進歩に貢献することの少ない仕事であった。

　思うに思想というものは各民族の歴史の所産であり、その歴史は民族の生活を通じて作られてゆくものであるから、思想の研究は、当然その民族の生活に即してなされてゆくべきものであろう。ことに、中国の思想は漢民族という独自の生活形態を持つ民族の作り出した文明の所産であるから、それを理解するためには、まず、中国民族の社会がどういう社会であり、その歴史がどのように変遷していったか、また、その歴史のなかで人々がどのような生活気分で生きていたかを細密に知らなければならないこととなる。

　なお、その際、いま一つ注意しなければならないのは、中国人の物の考え方や見方がその言語生活と不可分の関係にあるということである。言語は人の思想を精練するものであるとともに制約するものであると言われるが、中国の人々は中国語という特殊な言語を用いて物を考えたり本を書き残したりしてきた。

　言うまでもなく中国語は孤立語である。その組成は屈折語といわれる西洋の言語とも異なるし、膠着語《こうちやく》といわれる日本語ともちがっている。

　たとえば、そこには時の観念や数の観念もない。一般に能動と受動の別もなく、仮定の形も常でなく、命令の形も備っていないことが多い。

どの語がどういうはたらきをするかも不定であり、語と語の文法的な関係もその語の置かれた位置によって生ずる。

文と文、句と句の結合もあいまいであり、接続詞の省かれていることも少なくない。文は切れ目のない文字の連続に終始し、ふつう、段落の意識もないと考えられている。この傾向は白話とよばれる口語よりも文言とよばれる文語において一層顕著である。

日本人は漢字・漢文を通じて中国の言語に親しんでいると考えがちであるが、以上のことがらからも、いわゆる「同文同種」という安易な考え方が戒められねばならないことが知られるであろう。さらに人々は日本と中国の地理上の近さが必ずしも両国の文化の類似を意味しないことをも忘れてはならない。

かくして、いま、多くの人々に望まれることは、「実は私は中国について何も知らなかったのだ」という自覚をもってもらうことである。

この本はこのような見地に立って、世の多くの人々に「中国の思想とはどういうものであったか」をできるだけ正しく知らせるために書かれたものである。

文章はわかり易さを主眼とし、決して面倒な言いまわしやわずらわしい書き方はしていないつもりである。叙述は上代から現代まで時代を追って各時代ごとにその主要な思想と傾向とを説明することに努めている。

戦中戦後を通じて長いこと中国の思想についての手頃な入門書や概説書の出版されていなかった折から、この本が時代の要望に応じて広く世の役に立つものとなることを願っている。

昭和四六年秋

村山 吉廣

上代の思想

一　時代の概観

この篇では中国の歴史が文献上にはっきりしてきたころから前漢の成立までを取扱う。このころ、中国史の中心をなす漢民族は黄河の中流域に農耕民族として生活していた。伝説によれば、中国の古帝王には「三皇五帝」と呼ばれるものがあったとされ、司馬遷《しばせん》の「史記」も、この時代の歴史を黄帝《こうてい》―顓頊《せんぎょく》―嚳《こく》―堯《ぎょう》―舜《しゅん》とつづく「五帝本紀《ほんぎ》」から始めているが、これらがいずれも後世の思想上の産物であることは言うまでもない。黄河の治水の功によって舜から帝位をゆずられたという禹《う》のときから、王位が世襲となって夏《か》という王朝が現われたとされ、「史記」にも「夏本紀」が立てられているが、禹の話を始め夏王朝の実在については疑わしい点がきわめて多い。夏に代わって興ったとされる殷《いん》王朝については、「史記」に「殷本紀」というものがあり、近年になって河南省安陽県で殷墟《いんきょ》と称されるものが発掘され、そこから多くの青銅製の容器や利器がとり出されたことにより、一部にはこの王朝の存在を確実なものとする説が有力であるが、まだ十分に納得できる説明がなされているとは言えない。また殷墟出土の亀甲や獣骨に刻まれた卜辞《ぼくじ》を漢字の最古の形であると考え、これを判読して殷代の社会制度や宗教思想を解明しようとするいわゆる甲骨学《こうこつがく》の研究も盛んに行なわれているが、出土品の信憑性《しんぴょう》や判読の仕方にもなお問題があるようであり、いわゆる殷王朝の実在は、やはりふたしかであるとするほかないだろう。

甲骨文字（殷墟出土の獣骨片と亀甲）
上段と下段の右二個は獣骨、下段の左二個は亀甲。表面の刻文は狩猟や祭祀などについて神に吉凶を問う意をあらわしている。

殷のつぎに建てられた周王朝は、都の位置の移動によってBC七七〇年ころまでが西周、以後が東周とよばれ、「史記」にはこれらについて「周本紀」という記載があるが、一般的に言って、西周時代についての史実はあいまいである。ことに周初の文王・武王・周公らの治世は漢代の儒者たちによって、極度に美化され、彼らが盛んに説いた理想の政治の行なわれた時代とされたため、彼らの作為した物語や記録によって飾られているが、それらは今日の歴史学から言えば、史実としての価値のないものである。たとえば、周公が定めた周の官制と称される「周官《しゅうかん》」のようなものは、周公とは何ら関係のない前漢末の儒者たちのほしいままな創作にすぎない。

東周時代は、春秋・戦国の二つの時代に分けられるが、前半の春秋時代は斉《せい》や魯などいわゆる中原《ちゅうげん》の諸侯と、南方の楚という大国との対立抗争の時代であり、後半の戦国時代は、そうした抗争の過程で弱小国が没落して七雄《しちゆう》とよばれる七つの国だけが残り、そのうちで、もっとも強い秦と他の六国《りっこく》とが覇を競い合った時代である。

この両時代になると文献上の記録も大いに増加し、それらの史料性もかなり有力となってくるので、記録によって跡づけられる中国の歴史はほぼこのころから始まったものと考えてよい。しかし、古来言われていたように、春秋という時代の歴史を、孔子が魯の公室の記録を簡約して作ったという「春秋」という書物や、その注釈書である「左伝」等を用いてつづったりすることは誤りである。何となれば「春秋」は魯の公室の記録を簡約したり書き改めたりして出来たものではなく、戦国初期の儒家《じゅか》の特殊な理論によって作られたものであり、「左伝」はそれよりさらにおくれて、前漢の末に儒家の手によって書かれたものであると考えられるからである。

しかし、この時期の末、ほぼ前六世紀ごろに、中国思想史の本流となった儒家の祖である孔子があらわれたであろうことはほぼたしかであり、以後、思想界はにわかに活況をおびてくる。

戦国時代になると、前代にひきつづき鉄製農具による牛耕などが盛んに行なわれ、農業生産の面で著るしい発展があり、それにつれて大土地所有による豪族の発生や、旧来の階層秩序の解体現象なども見られるようになる。陝西《せんせい》の奥地から出た秦という国は、こうしたなかで、大胆な制度の改革と、西方の製鉄技術の導入による新武器の整備とによって、他の六国を圧倒して、BC二二一年、ついに天下統一の大業を達成する。この間のことについては「史記」の「秦本紀」、「始皇本紀」に記述があるほか、「呉世家《せいか》」、「斉世家」、「楚世家」や「蘇秦列伝」、「張儀《ちょうぎ》列伝」、「呂不韋《りょふい》列伝」などに多くの関連記事がある。もちろん、それらの記事は、必ずしもそのまま歴史的事実であるわけではないが、当時生起した歴史上の事件の概要や、そうした中でうごめいた人物の群像、人々の生活の諸相などを推しはかるための貴重で豊富な材料を提供しているると言える。

思想界では、孔子の学説や主張が彼の没後一〇〇年ぐらいのちにあらわれた孟子《もうし》によって継承される。孔子の思想と孟子の思想との間には、この時期までの歴史の変化や思想界の推移によって、内容上かなりのへだたりが生じているが、それは孟子の後に現われた戦国末の荀子《じゅんし》になると、さらにその時期までにあらたに流行したいろいろの思想とかかわりあうことによって、一層めだった変化をとげることになる。

孔子の学統をうけつぐ者たちは、一般に儒または儒者とよばれ、思想史の上では「儒家」という名がつけられている。また別に、それは孔子と孟子によって代表される思想であるという意味で、「孔孟の思想」、「孔孟の教《おしえ》」、「孔孟の道」という名でもよばれている。

この戦国期には、儒家に対抗する有力な思想集団として道家《どうか》があらわれる。道家の思想は、老子から荘子《そうじ》へとうけつがれてゆくので、「老荘思想」ともよばれている。老荘思想は、その後、たえず変化し変質しながらも、中国の知識人の思想生活のなかに、ながく影響をもちつづけてゆくので、儒家の思想とともに、中国の二大思想の一つとして重要な取扱いを受けることとなる。

戦国の一時期に儒家に対立する説を唱えて、思想界に刺激を与えたらしいものでは、他に墨子《ぼくし》と楊朱《ようしゅ》とがあり、前者には「墨家《ぼくか》」という名がつけられている。商鞅《しょうおう》や韓非子《かんぴし》などによって唱えられたとされる「法家《ほうか》」の思想が世にあらわれたのも戦国の中末期である。彼らの主張は現実的な政治学説として強い影響力をもち、秦王朝が採用して強大となるもととなった一要素であるとされている。

このほかに、戦国期には兵法を説いた「兵家《へいか》」、外交政策を論じた「縦横家《じゅうおうか》」、一種の論理学的思弁をもてあそんだ「名家《めいか》」など、多くの学者・学説が生まれて、世にいう諸子百家の時代が出現する。

こうした思想家たちの伝記のおもなものは「史記」の列伝に収められている。「老荘申韓列伝」、「孟子荀子列伝」、「孫子呉起列伝」などがそれである。しかし、これらの伝記の記事には真偽の定め難いものが多い。たとえば老子や荘子の伝には多くの疑問があり、孫子（孫武《そんぶ》）の伝も客観的には史実性を欠いている。彼らの名を冠して今日に伝えられている著作の成立年代にも同じように問題は多い。たとえば荘子のものとされる「荘子」という書物には、上限を戦国中期、下限を漢初とするかなり長期にわたるこの学派の思想の変遷が反映していて、決して同一人あるいは同一集団の同時期の著作とみなすことはできず、「墨子」という書物にも墨家の祖である墨翟《ぼくてき》の主張とは直接かかわりのない後学たちの説と思われるものが随所に見いだされることなどがそれである。

なお、春秋から戦国にかけてのものとされている文学作品には、「詩経《しきょう》」と「楚辞《そじ》」とがある。儒家たちの間では「詩経」は孔子が編纂したものとなっており、そのために「六経《りくけい》」という儒家の重要な経典の一つにも選ばれている。このなかに収められている三百余篇の詩には、それぞれ古くから特殊な道徳説による注釈がつけられていたが、「詩経」の詩のもとの意味は、そうした解釈とは本来関係のないものであり、そのなかには、明らかに民謡に由来するものもある。その民謡の作られた時代は、戦国中末期であり、その作られた土地は、多くは、魯（山東省のあたり）であろうとも推測されている。

現在までの「詩経」の研究は、まず一つ一つの詩について、そうした事情を明らかにするには至っていないが、もしそれが明らかにできれば、この時期の人々の抒情の世界と生活の哀歓とが知られることになる。

「楚辞」は戦国末に南方の揚子江中流の楚で生まれた文学作品を収めたものであり、そのため「詩経」を上代の北方文学の代表とし、「楚辞」を南方文学の代表とすることが多い。

「詩経」と「楚辞」とは、たしかに趣きがちがい、「楚辞」には、「詩経」には乏しい空想的で情熱的な感情の発露がある。ところで、こうした作品の中心をなすものは、楚の王族の一人で、楚の王室の運命を憂えて汨羅《べきら》の淵に身を投じて世を去ったと伝えられる屈原《くつげん》の作とされるものであるが、それらの諸作品をはじめ他の作品にも、漢代の初期の道家思想による潤色が見られる。したがって、「楚辞」は思想的にはむしろ漢初の時代を反映した面のあることを考えて読むべきであろう。

さて、上代における中国文明と西方文明との交渉はどうであろうか。まず考えられるのは、先史時代の彩陶《さいとう》・黒陶《こくとう》との関係である。すなわち、新石器時代の仰韶《ぎょうしょう》文化の産物である彩色土器と龍山文化の産物である黒色土器には、いずれも中央アジア及び西アジアに類似土器の出土の分布がある。したがって、中国古代の文明の成立に当たって、これらの地域の古文明が何ほどかの関与をしているであろうことは十分に想像される。しかし、社会制度や思想生活の上で、それらがどういう具体的な影響を及ぼしたかは、よくわからない。歴史時代に入ってからは、西北方の周辺の異民族である犬戎《けんじゅう》などとの交渉が記録によって知られ、秦代には、始皇帝がそのために万里の長城を築いたという北方の匈奴《きょうど》との関係が生ずるが、彼らの文化が思想上で漢民族とどういうかかわりをもったかは、あきらかではない。

社会制度の面から見ると、この時代のうち、戦国時代は、従来の血族的な大家族集団がくずれて、父と自己とその子とによるいわゆる三族制家族が成立した時代とされている。社会階層にも変化が生まれて、支配者と被支配者である農民との間には、中間層として卿《けい》・大夫《たいふ》（士《し》大夫階級）が台頭してくる。彼らは政治の上で能力のある官僚としてはたらくほか、知識階層としてこの時代の文化の実際上の担い手となっている。階層と階層との間の区分は決して固定したものではなく、その点でインドのいわゆるカーストなどとは異質のものである。「王侯将相《しょうしょう》いずくんぞ種あらんや」（王侯や将軍や大臣だからといって決して特別の人種ではない）という古い言葉が示しているように農民層出身の者が将相の位にのぼる可能性は開かれていた。混乱の時代であった戦国期には各地で人材の登用が盛んであったためもあって、そうした例は多い。蘇秦《そしん》、張儀をはじめ、孫臏《そんぴん》、白起《はくき》、楽毅《がくき》らは、いずれもこの時代に布衣《ふい》（＝庶民）から出て将相の地位についた人々である。

しかし、一般的には、士大夫をも含めて支配層の数はきわめて少なく、人々の大多数である農民は、文化階級である支配層の人々とは隔絶した生活を営んでいた。すなわち、文化や知識は、支配層であるごく一部の人々の間に局限されており、大多数の農民たちは、それとは、ほとんど無縁の存在であった。「徳は風なり、民は草なり」

という古語が示すように、民はただ被支配者として生活し、政治の対象として存在しているに過ぎなかった。彼らは、今日の目から見れば、政治的にほとんど無力であり、知識の上でも、全く無智蒙昧《もうまい》であった。だから、儒家の古典の中で、「民・禽獣」と記されて、民が禽獣と同列に取扱われているのは当然であり、その言葉はもっともよく実態にそくしていると言える。

かくして、この時代にあらわれたさまざまの思想や文化は決して広範な民衆の基礎の上に立つ文化ではなかった。当時の民衆の思想や生活は、文化階層である人々の残した典籍を通しておぼろげに推知することが可能なだけである。

天下を統一した秦王朝の命脈は、はなはだ短く、始皇帝が没すると、間もなく反乱が起こり、わずかに三世、一六年で漢の高祖に滅ぼされてしまう。時にBC二〇七年である。

なお、思想史や文学史では、秦以前の周初から春秋・戦国までを総称して先秦ということがあり、この時代のものに関して、先秦の思想、先秦の文学という名称が使われることが多い。

二 「論語」と孔子の思想

1 「論語」の内容

すでにのべたように上代の思想史が具体的に始まるのは孔子からである。孔子の思想は「論語」によって知られるとされるが、これは「論語」が孔子の言行録として残っている唯一のものだからである。「論語」を開いてみると、たしかに「子曰く」「孔子曰く」(後者の例は少ないが)として、孔子の言葉がつぎつぎとあらわれる。しかし、これらの言葉をそのまま孔子の言葉と信じてよいかどうかは、当然、問題となるだろう。

そこで、一体、「論語」がどういう由来をもつ書物であるかを知るために、そのことを記した「漢書」の「芸文志《げいもんし》」の文章の一部をかかげてみる。のちにのべるように「漢書《かんじょ》」という書物は後漢の班固《はんこ》の書いた前漢の歴史であり、「芸文志」というのは、その時代に存在した書物を記録した篇である。

「論語」は、孔子が弟子や同時代の人たちと問答したり弟子たちが互に語り合ったことを孔子に聞いてもらったりしたのを収めた書である。はじめ、弟子たちは、それらについてのメモをもっていたが、孔子の死後、それらを持ち寄って一冊の本にアレンジしたのである。

現代風に伝えるとこういうふうになるが、いま、アレンジしたと記した部分は、原文では、「相《あ》い与《とも》に輯《しゅう》して論纂《ろんせん》す」とあり、さらに、だから「論語」というのだという一句が加わっている。「論語」という書名のもととなったと考えられるこの論纂というのは、討論して編集するというような意味である。

この「芸文志」の伝えるところがどこまで真実を含んでいるのかはわからないことであるし、また、これだけの記述では、「論語」が、いつ、だれによって編纂されたかも正確にはわからない。また、ここで注意すべきことは、「芸文志」のころの「論語」と現在の「論語」とが必ずしも同じでないということである。すなわち、当時、「論語」には三つのテキストがあった。「芸文志」によると、それは「古論語」、「斉論語」、「魯論語」である。「古論語」というのは蝌蚪文《かとぶん》という古い字体で書かれた書である。そうしてこの書は、漢の武帝のときに、孔子の旧宅の壁の中からとり出されたものだとされている。あとの二つは当時の文字である今文《きんぶん》で書かれており、それぞれ、斉と魯の学者によって伝えられていたからその名がある。ところが、この三つのテキストは、篇数その他の上で多少の異同があったらしいが、いずれも、その後まもなく失われてしまったのである。

現在、人々が用いているのは、そのあとで、後漢の鄭玄《じょうげん》という学者が選んだテキストに魏の何晏《かあん》という人が手を加えて伝えたものである。このテキストは、外形も内容も、「魯論語」に一番近い形のものだとされているが、いずれにしても、現在の「論語」が形の上で、古い形をどれだけ残し、古い言葉をどれだけ正しく伝えているかは保証しがたいことである。

それでは、思想史的に見ると、現在の「論語」のなかの孔子の言葉はどういうふうに見ることができるだろうか。結論的に言うと、孔子の言葉として、「子曰く」「孔子曰く」などと記されている孔子の言葉をはじめとして、「論語」のなかの文章には、とうてい、孔子の時代のものとは言えない思想を含んだものが沢山あるということになる。

どうして、それがわかるかというと、先秦の諸書に出ている孔子の言葉といわれるものを集めてみると、同じ孔子の言葉がいろいろに作りかえられている様子が見られ、その間に思想が推移したり矛盾したりしているのがわかり、それがそのまま雑然と現在の「論語」のなかに入りこんでいることが知られるからである。

それでは、現在の形のものとはちがうにしろ、論語という書物はいつごろ出来上がったのであろうか。思想史上からは、それは、戦国の末ではないかと考えられる。それは、一つには、孟子や荀子のころに、まだそうした書物があったらしい様子がないためであり、いま一つには、「論語」のなかの言葉に戦国末までの思想が主に含まれているからである。

もし、成立の事情がこのようであるとすれば、「論語」のなかで、真に孔子の言葉を伝えているものが、どれだけあるのかを疑問とするのは当然であろう。孔子の弟子のメモに基くものもあるではあろうが、むしろ比較的少ないのではなかろうか。

2　「論語」の構成

現在伝わっている「論語」は二〇篇からできているが、総字数は一万一千七百余字の書であり、その篇名はつぎの通りである。

学而《がくじ》　為政《いせい》　八佾《はちいつ》　里仁《りじん》　公冶長《こうやちょう》　雍也《ようや》　述而《じゅつじ》　泰伯《たいはく》　子罕《しかん》　郷党《きょうとう》　先進　顔淵《がんえん》
子路《しろ》　憲問　衛霊公《えいれいこう》　季氏《きし》　陽貨　微子《びし》　子張《しちょう》　堯曰《ぎょうえつ》

なお、これらはそれぞれ序数をつけて、学而第一、為政第二、八佾第三というふうによびならわされている。これらの篇名は、決してその篇全体の内容に関係のあるものではなく、各篇の最初の章の冒頭の句中から、機械的に、二字ないし三字を取ってつけられたものである。たとえば、「学而篇」は、「子曰《ク》学《ビテ》而時《ニ》習《フ》レ之《ヲ》、不ニ亦《タ》説《バシカラ》一乎」の中から学而をとり、「子罕篇」は、「子罕《まれニ》言《フ》レ利《ヲ》、与《ともニシ》レ命《ト》与《ニス》レ仁《ト》」の中から子罕をとって篇名としている。

全体を通じて、各篇とも一篇としては何のまとまりもなく、それらが特定のテーマのもとに集められたものとは考えられない。二〇篇に分けられたのも、多分、当時の書物の形態である竹簡《ちくかん》の分量を分割した際にたまたま二〇篇になったためかと考えられる。

二〇篇が一時に編纂されたのか、しだいに出来てきたのかもはっきりしないが、「季氏篇」では、孔子を「子」といわずに「孔子」といい、「子張篇」では、全篇がみな弟子の言葉でできており、「微子篇」では、孔子にも弟子にも関係のない言葉が多く見られ、「堯曰篇」では、他の篇にくらべて、分量が少ないというような点から、あるいは、この四篇だけは、「論語」が一度出来上がったあとで、あらたにつけ加えられたのかも知れぬとされている。なお、どの篇にも時代を異にする思想が混入しているが、とくに「八佾」、「述而」、「泰伯」、「郷党」の諸篇には、後の時代の思想でできた言葉が多く入っているようである。

「論語」の編者は、さきにも述べたようにわかりにくいが、書中に出てくるいろいろな弟子たちに対する扱い方に、とりたてて差別がなく、思想上かなりちがう点のある孟子の系統の言葉と荀子の系統の言葉とに対しても、わけへだてなく扱っているように見えることなどから、一定の学派的偏見をもたない人が編集にたずさわったのだろうと推測される。

なんのために編纂されたかと言えば、それは儒家の祖である孔子の教えを学び伝えるについての便宜を当時の学者たちに与えようとしたためであろう。

しかし、いま一つ編纂の動機として考えられるのは、道家の作った「老子」に対抗するためではなかったかということである。なぜなら、当時、孔子の言葉は儒家にとって大切なものであったにもかかわらず、一書にまとめられていなかったのに反し、道家は、その祖の老子のことばを集めたと称する「老子」をもっていたからである。

ところで、戦国の末には、儒家は、「詩経」や「書経」や「春秋」を経典と定めていたから、「論語」の成立も、今日の人が考えるほど重大なことではなかったと思われ、当時は必ずしも大切な経典としての扱いは受けていない。「論語」が儒学のなかで何よりも大事にされるようになったのは、ずっと後の宋代に朱子学ができて、「論語」を「大学」や「中庸」や「孟子」などとともに「四書」の一つに数えるようになってからである。

いまの学問の上から見て「論語」が重要視されるのは、「論語」が孔子およびその学統の思想の戦国末までの変化を知るのに不可欠な基本的書物だからである。

なお、「論語」の注釈にはまず漢から魏までの古い注釈を集めた魏の何晏《かあん》の「集解《しっかい》」と、これを詳細に再注釈した宋の邢昺《けいへい》の「注疏《ちゅうそ》」とがあり、ふつうこれらを「古注」

と呼んでいる。これに対して、宋の朱子の作った「集注《しっちゅう》」という注釈書は「新注」とよばれる。どちらも一長一短で、前者は文字の解釈にとらわれすぎるところがあり、後者は、ともすれば宋学風の理論で「論語」を説明しようとする傾向がある。清の劉《りゅう》宝楠《ほうなん》の「正義」というのは、これらとは別に考証学の立場から加えられた注釈である。これらのほかに、注釈として特色のあるのは、日本の伊藤仁斎の「論語古義」や荻生徂徠の「論語徴《ちょう》」などであろう。

3 孔子の伝記

孔子の思想を論ずる前に、孔子の伝について記してみよう。

孔子の伝としてもっとも古くまた一番よくまとめられているのは、「史記」の「孔子世家」である。先秦のことについての「史記」の記事が、そのままでは信頼できないということは、いまさらいうまでもないが、孔子が大体どういう人と考えられていたかを知るために、まずその書き出しの部分を引用する。

孔子は魯の昌平郷陬邑《すうゆう》（いまの山東省曲阜《きょくふ》県の南東）に生まれた。父の叔梁紇《しゅくりょうこつ》と顔《がん》氏《し》の女との野合による。時に魯の襄公《じょう》の二二年（BC五五二）である。姓は孔氏、字は仲尼《ちゅうじ》、名は丘《きゅう》である。字の由来は生まれるについて父母が尼丘という所に禱《いの》ったからであり、名を丘というのは生まれたときの頭の頂きに丘状のくぼみがあったからだという。生まれて間もなく父は死にさらに間もなくして母も世を去ってしまう。彼は子供のときから少し他の子供と変わっていて、ままごと遊びにも祭祀のまねをした。両親もなく貧賤のうちに育ち、成人して委吏《いり》となった。これは国の倉庫の出入れ係もしくは会計官のようなものであるが、彼は誠実公平に事を処理した。ついで、司職の吏となる。これは牧畜係であるが、彼の就任とともに飼われている畜類の育ち方がよくなり、その功を認められてまもなく司空《しくう》となった。これは、一定地域の土地と人民を掌《つかさど》る行政官である。

以上が書き出しの部分であるが、その後、孔子は魯の国情の変化によって国外に去ったり、再び帰って任官したり、また失脚して諸国遊説の旅に出たりするなど曲折の多い道を歩むことになる。そうして、その間、一度は魯で大司寇《だいしこう》という大臣の位にのぼって、大いに手腕を発揮したとも記されている。しかし、晩年には、政治の世界を去り、古典の整理と弟子の教育に専念する。弟子は三千、そのうち、とくにすぐれた者が七二人あったという。世を去ったのは魯の哀公の一六年（BC四七九年）、年は七三と記されている。

ここに書かれていることが、どこまで事実であるかはわからない。「史記」を書いた司馬遷は今日の歴史家のように事実を正しく伝えることを志した人でなく、事実と物語との混同にあまりこだわらなかったと考えられるからである。世間には、この記事などを基にして、広く孔子に関する記事を集め、それによって孔子の伝記を詳細に復元しようとする人があるが、それは徒労である。古い時代のことはわからないことが多いのであるし、わからなければわからないことを前提として別のことを考えるのが残された別の方法だからである。

「史記」の孔子の伝の史実性を疑わせる顕著な例は、右の引用文にはのせなかったが、孔子が老子に礼について教えを受けに行ったという記事である。これについては、のちに老子のところで再びふれるが、要するに、それが、老子を孔子よりも優位に置こうとする道家によって作られた説話の一つであることは明らかである。

いま、そうしたあやふやなものをとりのぞいて、「史記」の伝のなかから、いくらかでも事実に近いと思われるものを取上げてみると、大体、次のようになるかと思われる。

(1) 春秋時代の末にいた魯の人であったこと
(2) 多くの弟子を教えたこと
(3) 何かをなすのに必要な地位を求めて諸侯の国を巡歴したこと
(4) 母国の魯でいくらかは任官の経験があったであろうこと

「史記」の伝のほかに、「論語」のなかにも、孔子の生涯の出来事の一コマかと思わせるような逸話を記したところがあるが、それらが、戦国から漢代にかけて作られた孔子説話の原形か、それとも事実の反映かは、にわかに断定できないことである。

4 孔子の思想

いままで述べてきたように、「論語」は、孔子の言葉として戦国の末のころまでに世に伝えられていたものを、いろいろな書物から写し集めて出来上がったものであり、それらの中には、思想としては、ほぼ孔子の意を伝えたものもあるだろうが、言葉としては、孔子の言ったことがその通りに書かれているものは、ほとんどないと言ってよいだろう。したがって、「論語」に出てくる孔子の言葉と称するものを通してただちに孔子の思想を推定したりすることは、間違いのもとであるのみならず、それらを用いてその大体を知ろうとすることさえも困難なことだと考えなければならない。まして、いまのべたように、孔子の伝記もあきらかではなく、孔子の当時の政治や社会の様子もまだ十分にわかっていない状況の中ではなおさらである。いまできることは『論語』の中に反映している孔子より後の時代の思想界の様子や、儒家の思想の発展の姿から逆推して、孔子の時代がどんな時代であったか、孔子の主張がどのようなものであったかを考えることだけである。

こうした立場に立って、『論語』の中の孔子の言葉を選択しながら、孔子の本来の思想内容を推定してみると、孔子の思想には大別して、人の道徳に関するものと、政治の道に関するものとの二つの大きな眼目があったことが知られる。

このうち、道徳に関する思想には、第一に、それが一般民衆の道徳についてのものではなくて、いわゆる士大夫の身分にある者の道徳について言われていたということが言える。これについては、さきにものべたように、当時は、士大夫以上の身分をもった者のみが治者であり文化階級であって、民衆すなわち農民と彼らとの間に、大きな隔絶があったことが想いおこされねばならない。もちろん、孔子が道徳をうんぬんするとき、漠然とではあっても、人間一般を念頭に置いたであろうことは否定できないであろうけれども。

第二には、当時、士大夫の身分にある者の生活が家族の一員としての面と、君に対する臣としての面との二面をもっていたので、道徳もまたこの二面に応じて説かれていたということが言える。前者についての道徳は、孝であり、孝によって象徴されるような家族関係は君臣関係以上に人の生活に内在的なものとして重視されていた趣きがあるようである。

第三には、それらの道徳が特定の関係にある個人に対するものとして（たとえば父と子、君と臣というような関係）説かれていて、集団間の生活における道徳（今日の市民道徳のような）があまり考えられてはいなかったということが言える。

第四には、そうした道徳が、その当時の社会組織や家族制度を全面的に是認し、それらをいかに維持し強化してゆくかという点からのみ教えられていたということが言える。したがって、そこには、そうした組織や制度の本質を疑ったり、それらを変えることを考えたりした点は見られない。

つぎに政治の道に関する彼の考え方はどんなものであったろうか。

まず第一に言えることは、政治をすべて君主の立場、治者の立場から考えているということである。それは孔子の当時における政治の現実のありさまから来ているものであろうが、彼らにとって政治は君主によって行なわれるものであり、君主は民衆を使うとともに、民衆にわるいことをさせないようにするのを仕事とすべきものと考えられていたようである。また、その際、民衆が君主に心服するかどうかは、君主の心がけ一つであるから、君主がみずから道徳的に正しい行いをすれば政治はおのずからよくなる、すなわち、徳をもって民に臨めばよいのだという結論をもっていたようである。これはいわゆる徳治主義である。

第二に言えることは、君主の政治の対象である民衆は、現代の国家における国民としてのように一つの集団として存在するものではなく、君主に対して個々に従属しているものとして取扱われているということである。

第三に言えることは、孔子の政治論は、決して天下国家という広い範囲での政治を前提としてではなく、小さい君主のせまい領土内での政治を前提として考えられていたということであり、これは後の孟子の政治説などと異るところである。

孔子の道徳及び政治に関する思想の中心となるものは、大体、以上のようなものであろうと考えられるが、なお、このほかに思想上の問題として注目すべきものはいくつかある。その一つは、孔子の思想が、あくまでも人の道徳、人のする政治の面に限定されていて、神の力に依頼する宗教や、いわゆる呪術の類《たぐい》を重視していないという点である。

たとえば、「先進篇」には孔子と子路とのつぎのような問答がある。

季路《きろ》、鬼神に事《つか》えんことを問う。子曰く、「未だ人に事うること能《あた》わず。いずくんぞ、よく鬼に事えん」と。曰く「敢《あ》えて死を問う」と。曰く、「未だ生を知らず、いずくんぞ死を知らん」と。

これは季路＝子路が孔子に鬼神と死についての見解を質《ただ》したものである。鬼は死者の霊魂、神は天地間の神霊のような存在と考えられる。ここではいわば両者をあわせて、幽界または霊界のものを総称していると解釈してよいと思うが、こうしたものに人がどう対すべきか、というのが子路の第一の質問である。これに対する孔子の答は、人事、すなわち、現実の人間関係の処理を第一義として優先すべきであり、鬼神への奉仕は、問題にならないはずだというものである。関連質問として、あえて出された「死とは何か」という問に対しても、孔子は「生がわからぬのにどうして死がわかるものか」とつき放している。「生を知る」というのは、孔子の思想に即して言えば、君臣や家族間の道徳をどう実践すべきかを知ることであろうと考えられるが、いずれにしても、それは、経験によって知ることのできる現実の社会を重視してゆこうという態度である。しかし、孔子も、鬼神とか、死とかいう不可知の世界を決して否定しているわけではなく、ひとまず不問に附するという立場なのであり、「雍也篇」の有名な「鬼神を敬して之れを遠ざく」という言葉はその意味で言われているのであろう。もちろん、この二つの文章が果して孔子の言葉かどうかは、あきらかではないから、これだけで断定すべきではないが、「論語」全体を通じて、呪術や宗教を道徳説や政治説とかかわらせている章のないことからも、孔子の思想が、本来、そうしたものを含まないものであったことは推定してよいだろう。当時、一般の民衆の生活のうちでは、呪術宗教的なものはかなり根づよかったし、それはその後も長く民衆の生活を支配していたから、孔子やその周辺の者がそれらと離れた立場に立っていたということは、彼らにとっての一つのプライドであり、文化人としての自覚であったのかもしれない。

しかし、道徳の本質を論ずるならば、当然、魂の問題が考えられなくてはならぬはずであるが、「論語」のなかにはそうした例は見られず、そこには道徳にかかわるものは、むしろ心理的なはたらきをする人の心であるという考えがひそんでいたように思われる。また、さきにもふれたように、もともと道徳の本質というような問題があまり問題とならなかったのが特色だったというべきかもしれない。

つぎに注目されるのは、孔子の思想において、道徳の中心になるべきものとして「仁《じん》」ということが説かれたことである。ただ「論語」には仁に言及した言葉は多いが、仁を定義したり、その意義を説明したりしている文章は、きわめて少ない。そうして、現実には、仁は広義にも狭義にも用いられていて、もともと、どういう意味なのかがたしかでない。しかし、ごく自然に考えると、「人を愛す」とか「汎《ひろ》く衆を愛す」とか「己《おのれ》の欲せざるところ、人に施すこと勿《なか》れ」とかいうことばが、その本来の意味のようであり、わかりやすく言えば、「道徳的情操」とでもいうべき人間の自然の情のはたらきが行ないの上に現われたものを指すとしてよいだろう。

以上は、「論語」のなかに現われた孔子の言葉のうちから推定して得た孔子の思想のあらましであるが、いままで述べて来たように、「論語」のなかにあるすべての言葉がこれらと一致しているわけではない。「論語」のなかに収められた言葉の思想性は雑多であり、これらとちがった意味のことが言われていたり、これらと矛盾する文章があったりすることを忘れてはならない。また、その後の儒家の歴史においても、こうした孔子の精神が原形にはなったであろうが、それはあくまでも原形であって、つねに損われることなく貫かれていたわけではない。そうしたことについては、後に孟子や荀子について記すところでふれてゆくつもりである。

5　人間としての孔子

　孔子の思想には、いま述べてきたような特質と限界とがあるが、「論語」を読んでみると、思想の段階を異にしたさまざまな言葉が並べてあるが、それらの言葉の端々から感じられる孔子の人物像には、何か一つの共通のものがあるように思われる。

　孔子の言葉は、くり返していうように、それらのどれが本来の孔子のものなのかわからないけれども、いずれも簡単で断片的な形をとっている。そうして、それらは、簡単ではあっても、警句めいたこけおどしではなく、どの場合にも、おおむね、親身になって相手に説いて聞かせる口調になっており、高圧的であったり、権威あるもののごとく語ったりしていないのが特色である。

　後世からは、儒家の祖と仰がれ、「孔子の教」という言葉が用いられるようになるが、論語のなかでの孔子には、広く世間に向かって教えを垂《た》れたり、永く後世に伝えるために道を説いたりした趣きはない。それよりも、親しく教えを受けようとする身辺の弟子たちにやさしく接しながら、事につけ折にふれて心をこめて彼らを導いてゆこうとしている態度がよくうかがわれる。

のちに儒家の伝統のなかでは、「大聖孔子」というおおげさな名称が好んで用いられるようになるが、論語に出てくるところの孔子は、必ずしも福徳円満の聖人ではない。感情の振幅も大きく、時として、はげしく哭《こく》するかと思えば、また、時として大いに怒りもする。人を揶揄《やゆ》する場合もあれば、致しかたなく苦笑している場合もある。昼寝をして叱られた宰予《さいよ》の話はよく知られているが、ごくささいなことで弟子たちを罵倒したりすることもあったのではなかろうか。

弟子たちも求道一途の者たちばかりでなく、その志向も性格もまちまちであったようであるが、孔子はそういう雑多な弟子たちを一つに包みこんでいて、彼らの展開するさまざまな人間模様に温かい目を注いでいる風がある。師弟間の信頼関係も絶対的なもののようではあったが、世間によくあるような盲従や追従の跡はなかった。

前節に述べたように、その教えは、決して広い大衆を前提として考えられたものではなかったけれども、かと言って、必ずしも、理念的に高遠深刻なことを唱えていたのでもない。その教えは、彼ら治者階級が、みずから、当然行なわねばならぬ身近なことがらに関するものであり、また、当然行なうことのできることを前提として説かれたものである。

このように見てくると、「論語」の中から抽出される孔子像には、ごくヒューメンなものがただよっていると言えそうである。もちろん、それは、あくまでも現在の「論語」からの抽出であって、本来の孔子の人間像と合致すると断言してはならない。しかし、いま抽出したようなヒューメンなものこそが人間としての孔子の魅力であり、それが人々を「論語」に親しませ、「論語」という書物を歴代久しく古典として位置づけて来た根本のものとなっていたのである。

三　道家思想の展開

1　老子の実在性

老子は道家の始祖とされる人物である。この人物については「史記」に伝があるけれども、その記載はあいまいであり疑わしい点が多い。すなわち、「史記」の「老荘申韓列伝」の老子の条には、老子と称する三人の人物の伝が並べられている。一人は楚の人で名を耳《じ》、諡《おくりな》を聃《たん》という者であり、いま一人は同じく楚の人で老莱子《ろうらいし》といわれる者であり、最後の一人は周の太史《たいし》儋《たん》といい、彼もまた世間で老子といわれている者かも知れないとされている。これは「史記」の作者司馬遷がすでに老子の伝についてどれが正しいのか判断しかねていたことを物語っているのである。ただ、彼の書きぶりから察すると、これらのうちでもっとも有力なのは第一の老聃を老子とする説のようであり、現在、世間一般でも、大体、そう考えている。そこでここに、その老聃に関する記載を書き下し文にして示しておこう。

老子は楚の苦《こ》県厲郷曲仁里《らいきょうきょくじんり》の人なり。姓は李氏、名は耳、字《あざな》は伯陽《はくよう》、諡して聃《たん》という。周の守蔵室の史《し》なり。

孔子周に適《ゆ》きまさに礼を老子に問わんとす。老子曰く「子《し》の言うところは、その人と骨と皆すでに朽ちたり。独りその言あるのみ。且つ君子はその時を得れば、すなわち駕《が》するも、その時を得ざれば、すなわち蓬累《ほうるい》して行《さ》る。吾、これを聞けり。良賈《りょうこ》は深く蔵して虚《むな》しきが若《ごと》く、君子は盛徳あれども容貌愚なるが若しと。子《し》の驕《きょう》気《き》と多欲と態色《たいしょく》と淫志《いんし》とを去れ。是れ皆、子の身に益するなし。わが子に告《つ》ぐる所以《ゆえん》はかくのごときのみ」と。

孔子去り、弟子に謂《い》いて曰く「鳥はわれそのよく飛ぶを知り魚はわれそのよく游《およ》ぐを知り、獣はわれそのよく走るを知る。走る者はもって罔《あみ》すべく、游《およ》ぐ者はもって綸《りん》すべく、飛ぶ者はもって矰《そう》をなすべきも、龍に至りては、われ、その風雲に乗じて天に上るを知るあたわず。われ今日老子を見るに、それなお龍のごときか」と。

老子は道徳を修め、その学は自《みずか》ら隠れ、名なきをもって務となす。周に居《お》ること久しくして、周の衰えたるを見、すなわち、遂に去り関《かん》に至る。関令尹喜《いんき》曰く「子まさに隠れんとす。強いてわがために書を著わせ」と。ここにおいて老子すなわち書上下篇を著《あら》わす。道徳の意を言い五千余言にして去る。その終るところを知るなし。

この伝は三つの部分からできている。第一は老子の姓名などをしるした部分、第二は孔子が老子に礼について質問した部分、第三は五千余言の書を著わしたという部分である。

このうち、もっとも多く言を費《つい》やしているのは、第二の部分であるが、ここに収められた話は、「孔子問礼《もんれい》」（孔子が礼を老子に問うた）といわれる一種の説話である。この説話は、孔子が礼を説いたという伝説と、孔子が老子に学んだという漠然たる話とが合体して出来たものであり、そこでは、孔子が老子に「子の言うところは、その人と骨と皆すでに朽ちたり。独りその言あるのみ」（あなたのいっていることは内容を失って形骸化している。言葉の遊戯である）とはねつけられ、「子の驕気と多欲と態色と淫志とを去れ」（あなたの驕りと多欲と、わざとらしさと俗気とを捨てよ）と諭されるなど、老子が孔子よりも優位に立っており、「荘子」の中などによく見いだされる道家の側から作られた孔子説話と同じ特徴のものであることが知られる。「孔子世家《せいか》」や「論語」のなかなどにも孔子が老子に学んだとする記事があるが、それらはむしろいずれも、ここにあるような説話のかたわれであり、史実として、孔子が老子に学んだということは考えにくいことである。「老子」の中に「礼は忠信の薄《はく》にして乱の首《はじめ》なり」(第三八章)(礼は人間の誠実さが失われてきたときに生まれたもので、世の乱れのはじまりだ)という句があるくらいであって、礼は「老子」によって斥《しりぞ》けられているものであるから、孔子が老子に礼を教えられたとか、礼を問おうとしたとかいうのは、はなはだ怪しい話である。

つぎに第一の部分にある老子の姓名などについての記述を見ると、老子が楚の人になっている点は、道家の思想が南方に生まれ、それらの地を中心にひろまっていったことと関係があろうと考えられる。しかし姓も名も字も諡もそろっているのは、必ずしも、実在の証拠にはならない。伝説上の帝王である黄帝にさえ、「史記」の「五帝本紀《ほんぎ》」では、姓や名を附与しており、そうすることによってその人物に実在性を与えようとしているのであるが、老子の場合にもそうした疑いがもたれると言えよう。

第三の部分の五千余言の書を著わして立ち去ったという話も、第一に老子を隠君子であるとしている点に問題がある。隠遁《いんとん》の思想というのは、本来の「老子」の説ではなく、戦国末の道家になって盛んに言い出されたことだからである。老子が関を出て立ち去ったという話は、「老子出関」として名高く、後世画材として好んで用いられるものであり、その関が函谷関か散関かなど議論は多いが、隠遁思想とむすびついたこの話は、その面白さは別として、本来、説話にすぎないものと見るべきであろう。また関の令の尹喜《いんき》（ふつう関尹《かんいん》とよんでいる）に残したという著書を、上下二巻とし、五千余言としているのは「老子」がほぼ今の形をそなえたのちに作られた話であろうと思われる。

「老子過関図」（明　陳賢筆・静嘉堂蔵）

このように見てくると、老聃に関する「史記」の記載には信ずべき事績がほとんど何もないことになる。老聃の事績よりももっと簡略な老萊子や周の太史儋についてはなおさらである。そこで、老子の実在性に対する疑いがつよくなってくるのであるが、現実に老子の名を冠する書物が伝わっているところから、世間には老子の実在を主張しようとする人々も少なくはない。そこで、書物としての「老子」の成立の事情について、つぎに少し考えてみることにしたい。

2 「老子」の成立

老子の著と伝えられる「老子」を見てみると孔子の言葉と称するものを収めた「論語」と同じようにいく層かの時代を異にすると思われる章句が混在している。しかし、それら多数の章句に共通する思想や表現法があって、そこに一種の特有の調子というべきものはある。そうした根本にある調子に矛盾していない言葉は、一応、原形を伝えている部分と見られるが、そうしたものの一つに「大道《たいどう》廃《すた》れて仁義あり」(一八章)とか、「仁を絶ち義を棄つれば、民、孝慈に復《かえ》る」(一九章)とかがある。これらの章句が儒家の説く仁義を批判していることは、一見して明らかなことであるが、歴史に照らしてみると、儒家において仁義を熟語として用いるようになったのは「孟子」からであり、少なくとも孔子の時代になかったことが知られなければならない。

ところで、「孟子」は仁義を唱えるとともに、この仁義を軽視する学派に対しては、はげしい異端攻撃をしたことで名高い書物であり、たとえば、墨子《ぼくし》や楊朱《ようしゅ》を目して楊墨と呼び、これらにはげしい論難を加えたことはよく知られている。にもかかわらず、いま「孟子」を見ても、こうした「老子」の批判に対して応じた言葉は一つもないのみならず、老子の名すらも出ていないのであり、孟子は老子とかかわりがなかったと考えざるを得なくなる。したがって、もし、老子がいたとしても、少なくとも、孟子の時代の人ではなく、「老子」という書物の作られたのも「孟子」より後のことであろう。

また、「老子」には、しきりに天下を取る法が説かれていることが特色の一つにあげられるが、そもそも天下の統一が論じられるようになったのは、儒家においても孔子の時代ではなく、孟子の王道論以後のことであり、思想界においても、それが論題となったのは、そのころからであると推定されている。したがって、天下の統一を説く「老子」の成立が、「孟子」以前ではないことも関連して考えられることであり、前節で述べた孔子問礼説の虚構性も一段とはっきりしてくることになる。

戦国の諸書のなかで、老子の説に対する批評がはじめて出てくるのは「荀子《じゅんし》」の

「天論篇」であるから、このころには「老子」の原本がすでに世に出ていたのであろう。だから、「老子」の成立は、ごく漠然と考えて、「孟子」の後、「荀子」の前、BC三〇〇年ごろとするのが妥当のようである。では、そのころに老子という人物が世にいたのだろうか。答は否である。なぜなら、もし実在したとすれば、第一には、事実と物語を混同する点はあっても、「史記」の記述は、少なくとも実在した人物に対しては孔子の伝の例のようにかなり具体性を帯びており、前節で見た老子の伝ほどのあいまいさはないのがふつうだからである。

さらにここで老子の実在の問題を念頭において、「老子」と「論語」とをくらべてみると、さきにのべたように雑多な要素を含んでいる「論語」にすら、そうした言葉の背景に一個の人格を備えた人間孔子の存在が実感としてわかってくるのであるが、「老子」の場合にはそうしたものがなく、同じような短い章句であっても、だれがどういうときにだれに対して説いたのか全く記されておらず、結果として一種の警句集又は格言集の趣きしか出てこないのである。

かくして、老子は実在せず、今日の「老子」という書物は、おそらくその書中に見られるような思想傾向をもつ一群の学徒の間でもてあそばれていた言葉が、だれかによって秩序なく筆録されることによって作られるに至ったものではないかと考えられる。そうして、その書を権威づけるために古人に仮託する必要が生じ、何らかの意味で彼らの好みにも合う老子という名前が選ばれて次第にその人物像が虚構され、ついに、さきに記した「史記」の伝のような人物として世に残されることになったのではないだろうか。

3 「老子」の思想

「老子」には、古い注として漢の河上公《かじょうこう》と称する人物がつけたという伝えのある「河上公注」や魏の王弼《おうひつ》の加えた「王弼注」などがあり、さらに後代にもひきつづいて多くの注釈がある。

しかし、これらの注釈は、おおむね、「老子」の本文の文字を文字どおりに読みとろうとしないで、本文には存在しない意味を、自分の好みとする立場から勝手に附加して顧りみない傾向が強い。だから、「老子」の思想を考えてみようとするときには、こうした従来の恣意的な注釈を一切なげうって、直接に「老子」の本文を自分の目で観察してゆくことが、大切である。もちろん、その場合にも、今の「老子」がもとの姿のままではなく、後から加わったものを含んでいるだろうという配慮を忘れてならないのはいうまでもない。では、一体、後から加わったのはどういう所であろうか。これは簡単に言うと、その表現と内容とが、全体を流れる情調や気分と調和しない部分がそうなのだと言うほかはない。

ところで、いま内容にふれる前に、もっとも流布度の高い「王弼本」に従って、「老子」の大体の形態を説明しておこう。

「老子」の字数は「史記」にしるされていたように五千余字、全体は上下二篇に分れ、いずれも格言・警句風の短い文章で出来ている。章数は八一。三七章までが上篇、以下が下篇である。「老子」は漢初には、ただ、「老子書」と言っていたが、後には「老子道徳経」、「道徳真経」などとよばれるようになる。これは、「史記」にも「道徳の意を言い」とあり、本文中にも道と徳とが盛んに説かれているのと、この書を経典めかしくして権威づけようとする意図からはじまったことと思われる。「王弼本」にある篇章の分け方について言うと、これにどういう根拠があるのかは不明である。「河上公本」はさらに各章に、体道とか養身とかの名を附しているが、これも、本来、「老子」にあったものではないことはあきらかである。

さきにもふれたように、「老子」には孟子の主張に対する批判が、強い口調で説かれている。

大道廃れて仁義あり。智慧《ちえ》出でて大偽《たいぎ》あり。六親《りくしん》和せずして孝慈あり。国家昏乱《こんらん》して忠臣あり。（第一八章）

（真の大いなる道が存するかぎり、仁義などが説かれる必要は起こらない。人に智恵が生まれたとき、いつわりが始まる。父子・兄弟・夫婦という六親が和合していないときにこそ、孝や慈がことさらに唱えられ、国家が混乱したときにこそ、これを救う忠臣が求められる。）

とあるのなどは、世に貴ばれている徳目を批判し、そうした徳目を必要としなかった時代こそ、道の行なわれた時代だったとするものであり、批判される徳目にあげられた仁義も、孝慈も忠臣も、すべて、儒家がつねに強調している道徳である。第一九章でも「聖を絶ち智を棄つれば民の利百倍す。仁を絶ち義を棄つれば民孝慈に復《かえ》る。巧を絶ち利を棄つれば盗賊あることなし」と言っているが、「老子」では、儒家の主張こそは諸悪の根源であると考えられていたのである。

それでは、そうした徳目の必要とされなかった大道の世界とはどういう世界なのかというと、それは、「無」ないし「無為」の世界である。「道は常に無為」（三七章）

とか「上徳は無為」(三八章)とか言っているのがそれである。ところで、そういう無為の世界に達するにはどうしたらよいのかと言えば、それは、智恵のはたらきを捨てればよいのであると説かれており、そのことは、さきにあげた第一九章の「聖を絶ち智を棄つれば民の利百倍す」という文にも端的に示されている。また、その意味で「老子」では、人智をはたらかさない境地である「虚」や「静」や「自然」が尊ばれ、同じような意味で「無欲」や「不争」がよいとされている。

こうした主張が主として儒家に対する反抗から起こったものであろうと考えられるように、「老子」の思想は、本来、政治的関心から発しているものである。したがって、「無為」を説いても、「無為をなさば治まらざるなし」(三章)、「我、無為なれば、民おのずから化す」(五七章)と言っているように、それが、もっとも有効な政治の手段であるというところにむすびつけられてゆくことになる。

智の排斥や無欲の提唱にしても、「賢を尚《とうと》ばざれば、民をして争わざらしむ。得がたきの貨を尊ばざれば、民をして盗をなさざらしむ。欲すべきをしめさざれば、民の心をして乱れざらしむ。ここをもって聖人の治は、その心を虚《むな》しくして、その腹をみたし、その志を弱くして、その骨を強くす。つねに民をして無知無欲ならしめ、かの知者をしてあえて為さざらしむ」(三章)とあるように、どうしたら民が治めやすくなるかという問題とかかわってゆくのである。

ただ、この場合、こうした主張には、それが政治の術であると同時に、個人の処世の法、保身の道として適用できるという考え方が伏在する。「天下の至柔《しじゅう》（もっとも柔らかいもの＝水）は天下の至堅《しけん》を馳騁《ちてい》（支配）す。あることなきより出でて、間なきに入る。われ、ここをもって無為の益あるを知る。不言の教え、無為の益は天下これに及ぶこと希《まれ》なり」（四三章）、「足るを知れば辱かしめられず。止《とど》まるを知ればあやうからず。もって長久《ちょうきゅう》なるべし」（四四章）、「知る者は言わず。言う者は知らず、その兌《だ》を塞《ふさ》ぎ、その門を閉じ（欲望を絶つこと）、その鋭《えい》を挫《くじ》き、その紛《ふん》を解き、その光を和《やわ》らげ、その塵に同ず。これを玄同《げんどう》という。得て親しむべからず。得てうとんずべからず。得て利すべからず。得て害すべからず。得て貴しとすべからず。得て賤《いや》しとすべからず。故に天下の貴となる」（五六章）などにそれが見えている。

このように政治の術と処世の法とが同じ性質のもののように考えられているのは、「老子」が孔子などの儒家と同様、政治についてそれがただ為政者の心がけ一つできまり、世の治乱がただ治者の態度いかんで定まるという単純な観点しかもっていなかった証拠である。

ここで、よく注意すべきことは無を説き無為を説き無欲を説いても、「老子」が決して人生を否定したり、人間の生きようとする意志を断てといっていたりするわけではないということである。いままでみて来たように、「老子」では無為は為の手段であり、無欲は欲の方便である。だから「老子」はむしろ、人生を肯定し、その欲望を是認して、人がいかにしたら天子たり得るか、あるいはいかにしたら栄光の座を保ちうるかを説き、そのような願望をもつ人々に、そのために為すべきことを提示しているという感があるのである。ただ、説き方には逆説的表現などが多用されていて、独得の誇張と奇僻とがみなぎり、全体として、文化の価値を否定する暗いひねくれた調子がひびいてくる。

　世間では、一般に、「老子の哲学」とか「老子の無」とかいうテーマを好んで用い、「老子」の中に、西洋哲学風の形而上学的思索があるかのように考えている人が多いが、これも考えすぎの大なるものである。たしかに、「老子」のなかには、「道の物たるや、これ恍《こう》たり、これ惚たり。惚たり恍たり、その中に象あり。恍たり惚たり、その中に象あり、窈《よう》たり冥《めい》たり、その中に精あり」（二一章）「（道は）これを視《み》れども見えず、名づけて夷《い》という。これを聴けども聞えず、名づけて希《き》という。これを摶《う》てども得ず、名づけて微《び》という。この三者は致《いた》り詰《きわ》むべからず。故に混じて一となる」（一四章）というような表現が道に関して用いられているが、これらは必ずしも道の本質を思索して、その本質が感覚の及ばないところにあると言っているものではなく、ただ道が名状しがたいものだというのを、一種の美辞を用いて述べただけのことである。「虚《きょ》を致す」とか「静を守る」（ともに一六章）とか言っても、智の性質や限界を考えて、理智を超越せよとか、無念無想の工夫をせよとか言っているのではなく、単に智をすてて、寡欲であれというだけの意味である。

いずれにしても、「老子」の説くところは、ごくふつうの常識の範囲内での政治論であり処世術であるにすぎないことを知るべきである。

4 荘子と「荘子」

老子の思想を継承したのは荘子《そうじ》だとされる。だから、一般には、道家の思想を老荘思想と呼ぶ。この荘子は「史記」によれば、名を周《しゅう》といい蒙《もう》の人で、前四世紀の末、孟子とほぼ同時代に世に出たといい、その著がその名によってよばれる「荘子」だと伝えられている。

しかし、荘子の名は先秦の諸書にほとんど見えておらず、わずかにその名と著作の「荘子」に関する批評が戦国末の「荀子」にあらわれているだけである。もっとも、その場合でもその名は老子と同じように尊重されている風でもなく、老荘が併称され、「老荘の術」という言い方が行なわれるようになるのはずっとあとの漢初の時代になってからのようである。

「史記」にある彼の伝も老子の伝と同様、ほとんどが説話（「荘子」中に収められている）によって成り立っており、その実在性についての疑いは、老子の場合に劣らず濃いものであると言ってよい。

著述と称する「荘子」は長篇の大作であるが、各篇の間のみならず、一篇のうちにも思想的に矛盾するものの含まれていることが多い。たとえば孔子に対する態度にしても「盗跖《とうせき》篇」では孔子をはげしく罵っているが、「山木《さんぼく》篇」では道家思想の体得者である「至人《しじん》」のように取扱っている。そのほか、文章の語調の強弱や表現の方法など、全体に各所でかなりの差異が見いだされる。

したがって、ちょっと考えれば「荘子」はとうてい同一人の手によって書かれたものでないことは明らかである。

思想史的には、古いところでは、「斉物論《せいぶつろん》篇」などに弁者の説（名家《めいか》のこと、あとでふれる）との影響関係がうかがわれるので、それらの流行した戦国末期に書かれたものが含まれていることが推測されるが、「庚桑楚《こうそうそ》篇」などには、前漢の董仲舒《とうちゅうじょ》の説に初めて出てくる仁義礼智信の五つの徳目を列挙している例が見られるので、漢初になって書かれたかと思われる部分もあることになる。そこで、「荘子」は実際には戦国末から漢初にかけて、道家思想を奉ずる幾人もの人々の複数の著作がある時期、ある人によって集大成されたのではないかと考えられる。

「荘子」の作者として荘子という人物が考え出されたのは、おそらく漢代に入ってからで、そのころの儒家が好んで「孔孟」という語を用いていたのに対抗して、あたらしく「老荘」という語を作ろうとしたためであったろう。

いま、形態についてしるす。「史記」には篇の数は記されていないが、「漢書」の芸《げい》文志《もんし》には「五二篇」としてあるから漢代にはそうした形となっていたのであろう。その後、分け方を変えたのか、散佚《さんいつ》を生じたのか不明であるが、晋の郭象《かくしょう》という人が注釈を加えて今日に伝えている「荘子」は、三三篇になっており、その字数は六万五千二百余字である。全体は、「内篇」、「外篇」、「雑篇」の三部に分れる。

内篇は、逍遥遊《しょうようゆう》　斉物論《せいぶつろん》　養生主《ようせいしゅ》　人間世《じんかんせい》　徳充符《とくじゅうふ》　大宗師《だいそうし》　応帝王《おうていおう》の七篇であるが、これらは、いずれもその篇の主旨をとってつけた篇名である。

外篇は駢拇《べんぼ》　馬蹄《ばてい》　胠篋《きょききょう》　在宥《ざいゆう》　天地　天道　天運　刻意《こくい》　繕性《ぜんせい》　秋水《しゅうすい》　至楽《しらく》　達《たつ》生《せい》　山木《さんぼく》　田子方《でんしほう》　知北遊《ちほくゆう》の一五篇で、その命名には、論語の場合と同じように篇首の二字または三字を取っている。

雑篇も同じ命名の方法で、庚桑楚《こうそうそ》　徐無鬼《じょむき》　則陽《そくよう》　外物　寓言　譲王　盗跖　説剣　漁父　列禦寇《れつぎょこう》　天下の一一篇で成り立っている。

なお、唐の天宝年間に荘子を尊んで南華真人《なんかしんじん》と称するようになってから、「荘子」を「南華真経」と呼ぶ風も起こった。

5　「荘子」の世界

「老子」以後の道家思想の変化は、いろいろな形で「荘子」にあらわれているが、そのうちで、もっとも顕著なのは、「虚静無為」と「全性保真」の主張であろう。

虚静無為の主張に関係のある寓言としては「達生篇」のつぎのようなものがあげられよう。

紀省子《きせいし》、王のために闘鶏《とうけい》を養う。十日にして問う「鶏已《な》れるか」と。曰く「未《いま》だし、まさに虚憍《きょきょう》(虚勢を張る)にして気を恃《たの》む」と。十日にしてまた問う。曰く「未だし、なお嚮景《きょうけい》(相手の姿や様子)に応ず」と。十日にしてまた問う。曰く「未だし。なお疾視《しつし》して気を盛んにす」と。十日にしてまた問う。曰く「ちかし。鶏鳴くものありといえども、すでに変ずることなし。之を望むに木鶏《もくけい》（木で作った鶏）に似たり。その徳全《まった》し。異鶏あえて応ずる者なく、反《かえ》って走《に》ぐ」と。

ここには、「老子」に見られた「無為にしてなさざるはなし」という主張と、「不争の徳」を賛美する立場とが反映しているが、この話の究極の目的は虚静無為《きよせいむい》という心境の説明をすることにある。すなわち、闘鶏の場合に、木鶏となることが理想であるように、人も心の処理において、虚静無為に徹しなければならないと説くのである。では、その心境にはいかにして達しうるか。それは、官能の欲をことごとく絶つことによってである。これがこの説話の主旨であろう。ここに、いま一つ、これと関係のある「応帝王篇」の渾沌《こんとん》についての説話を挙げる。

南海の帝を儵《しゆく》となし、北海の帝を忽《こつ》となし、中央の帝を渾沌となす。儵《しゆく》と忽と時に相《あい》ともに渾沌の地に遇ふ。渾沌これを待つこと甚だ善し。儵と忽と渾沌の徳に報ぜんことを謀《はか》って曰く、「人みな七竅《しちきよう》あり。もって視聴食息《しよくそく》す。これ独《ひと》り有ることなし。こころみにこれを鑿《うが》たん」と。日に一竅を鑿つに、七日にして渾沌死す。

これは、儵・忽・渾沌の三人の人物がいるが、儵と忽とは渾沌の土地にやって来て大変よくもてなされる。そこで何かお礼をと考えて、いまだ七竅（七つの穴、目、耳、口、鼻など）をもっていない渾沌のために、わざわざこの七つの穴をあけてやるが、結果として渾沌は死んでしまうという話である。この話は官能の欲が身をほろぼすことを言おうとするものであり、虚静無為のための一つの大きな条件が欲望を離れることであるとすることにつながってゆく。

全性保真《ぜんせいほしん》の寓話には「秋水篇」の神亀《しんき》の話がある。この話は釣をしている荘子のところに楚王からの使が来て彼を宰相にしたいと申し出たのに対して、荘子がその使と

「吾聞く、楚に神亀あり。死してすでに三千歳なり。王巾笥《きんし》（布ばりの箱）してこれを廟《びょう》堂の上に蔵《おさ》むと。この亀なるものは、むしろ死して骨を留めて貴《たっと》ばるるか、むしろ生きて尾を塗中《とちゅう》（泥中）に曳《ひ》かんか」と。二大夫（使に来た者）曰く「むしろ生きて尾を塗中に曳かんと」と。荘子曰く「往け、吾まさに尾を塗中に曳かんとす」

という問答をするものであり、「老子」のころの「保身の道」についての説が、「荘子」の時代になると、このように現実の肉体の保持という直接的なことがらにむけられるようになってきていることを示している。

「老子」と「荘子」とのちがいは、「老子」では、政治の術について論ずることが多かったが、「荘子」ではそれが少なくなり、それよりも、むしろ、個人の在り方を論ずる点に中心が置かれるようになったことである。個人の在り方というのをさらにくわしく言うと、それはみな道家の理想とする心境――虚静無為の心境――を体得した状態に到達せよという主張である。そこで「荘子」では、そういう心境を体得した理想の人間像として「至人」とか「真人《しんじん》」とかいうものが設定されている。これは、儒家の説く「聖人」に対抗して作られた語であろうと思われるが、これらは「荘子」の各篇に用いられていて、当時の道家が共通してこれを説いていたものであることが、うかがわれる。

ところで、全篇を通じて「荘子」にはさきに二、三あげたような「寓話」（寓言ともいう）が数多く収められているが、それらは、いずれも、当時伝えられていた民話に材料を得たものであろうから、「荘子」は一面において、上代の民話研究の宝庫でもある。また、非現実の世界を描写する際に用いられる飛躍の多いロマン的な筆致は、

「荘子」独得のものであり、後世の文学作品に一つの方向を与えてもいる。

ただ、こうした寓話やロマン的筆致の多用は、思想的には、着実な思索とそれに伴う実践的な心がまえとを妨げていると言える。すなわち、安易に寓話や比喩を用いることは、正確な学説の建設に逆行するものであり、物事を漠然と理解することにはなるであろうけれども、いたずらに言葉をもてあそんで、対象をますます不可解でとらえにくいものにするおそれがあるからである。「荘子」の中心思想と思われる前述の「虚静無為」や「全性保真」にしても、「荘子」に書かれているかぎりでは、「現実の人間としての生」を捨てて「生物としての生」をとげることを主張することになってしまう。

一般に世間には「荘子」は世俗を超越した精神界に価値を置く深い哲学的学説であるように説いたり、そう思いこまされたりしている人が多いが、これは事実に反する。「荘子」でも、その思索の度合いは、「老子」の場合と同じく、安易で浅薄なものであり、いたずらに言葉をもてあそぶばかりで、その説が究極的に現実の生活の中にどうかかわってゆくかという点への配慮がはなはだしく欠けているうらみのあることを知るべきであろう。

四　諸子百家

1　孟子と荀子

戦国の中期から末期にかけて、知識人の間から多くの人が出て世の紛乱解決のためにさまざまな提言をしている。国々の諸侯たちはそれぞれ武力によって天下を制覇しようと争っていたが、知識人たちは、何とかして諸侯たちに自分たちの説を用いさせ、それによって天下をとるという彼らの欲望をとげさせるとともに、自らも他をしのいで名利と権勢とを得ようと躍起になっていた。

彼らの説くところは、おおむねセクト的で、いまでも世間でよくあるようにさしたる根拠もないのに自説が絶対であると信ずる一方、他派の説については、冷静に考察をしてみようという心がまえもなく、ただひたすらはげしい語調で偏執的に攻撃を加えてゆくだけという類のものであった。ＢＣ三世紀の前後、ちょうど戦国中期に当たる時代の人であったと思われる儒家の一人の孟子にもそうした傾向が目立つ。そのころ、思想界には、儒家と対立して楊朱《ようしゅ》や墨翟《ぼくてき》の説があったらしいが、これらに対する孟子のはげしい論難はさきにも言ったように有名なものである。また、同じ儒家にも孟子と見解を異にする告子《こくし》という人物がいたと考えられ、それとの論争も残されている。

孟子の説を集めている「孟子」という書物は、「論語」などとちがい全体を、ほぼ孟子の言葉を伝えたものと考えてよいと思われるが、それは、梁恵王《りょうけいおう》、公孫丑《こうそんちゅう》、滕文公《とうぶんこう》、離婁《りろう》、万章《ばんしょう》、告子《こくし》、尽心《じんしん》の七篇から成る。その篇名は「論語」などの場合と同じく各篇首の文字を取ってつけられたものである。現存する注の最古のものは後漢の趙岐《ちょうき》のものであるが、趙岐が各篇を上下に分けて一四巻としたところから、ふつう各篇とも、「梁恵王上」、「梁恵王下」という分け方および呼び方で行なわれている。

彼の説のうちの代表的なものは、性善説と王道論とであろう。いうまでもなく前者は道徳に関する説であり、後者は政治に関する説である。

性善説とは、別にむずかしい理論を基礎にしていわれていることではなく、ごく常識的に「人の性は本来善である」と考えるところから生まれた説である。人にあるべき徳目としての道徳的情操ともいうべき仁を説いた孔子の説を継承した孟子は、そうした仁のみならず、義や礼や智などの徳目も人のこころにそなわっていると考えた。

孟子はこのことを説明するのにまず四端《したん》説ということを言い、人には先天的に惻隠《そくいん》（あわれむ）・羞悪《しゅうお》（はじる）・辞譲《じじょう》（ゆずりあう）・是非（善悪を判断する）の四つの基本的な感情が内在しているとし、それを拡大してゆけば、おのずから性善の域に達するとしたのである。孟子は、この性善なる人の本質を別に「本心」とか「良知良能」とかいう語を用いて表現したり、それらを失った状態を「放心」と言ったりもしている。性善説と言っても、ほぼこの程度のことで、さらにくわしい組織的な理論は展開されていない。ただ、少なくとも、道徳論の基礎として「人性」の問題をとりあげ、ともかくもそれについて、このような定義をしたり分析をしたりしたところに、孔子の時代にはなかった新しさがあると考えられる。

王道論は、武力によらず、王道すなわち仁政によって天下を統一せよという主張である。それは当時の諸侯たちが武力によって領土をひろめ、やがては、天下に覇をとなえようと狂奔していたのを戒めたものであるが、孟子は、それを説くに当たり、とくに「尚書《しょうしょ》」（「書」とも「書経《しょきょう》」ともいう）の革命思想を援用している。「尚書」は孟子以前にあったと思われる儒家の典籍の一つであるが、そのなかには、仁政を施して人民を帰服させ、革命という手段によって天子となった殷《いん》の湯《とう》王や、周の文王・武王らの説話が収められている。孟子は、これらの天子たちの在り方を政治の理想としてかかげ、これを「先王の道」と称した。

みずから「先王の道」を奉ずる者をもって任じた孟子が力強く情熱をこめて説いた王道論には、迫力もあり説得力もあって、それが後世ながく「孟子」の魅力の一つともなったが、王道論は、結局は、政治は為政者の心がまえで決定されるものという孔子以来の考え方の範囲内にあるものである。そうして天子や王が実際に仁政を行なおうとすれば、かならず起こってくるであろう現実のさまざまな困難については少しも考慮がめぐらされていない議論であって、論理的には単純で一面的であることを免れない。（こういうところはやはり孟子もさきに言ったように戦国遊説《ゆうぜい》の士の一人であり、是が非でも自説を力説してやまない性癖が露呈している。）

しかし政治説としては、仁を政治の根本と考える点で孔子の道を忠実にうけつぎながらも、政治の対象を孔子の時代の小さな君主の国のものにとどめず、広く天下一般のものに拡大していったところに新傾向があることになる。

孟子の後の戦国末期における儒家の代表的な学者は荀子《じゅんし》である。彼には彼みずからの著述であると思われる「荀子」があって、それにより、その思想は、比較的よく知ることができる。彼は趙《ちょう》の人で名を況《きょう》といい、荀（孫）卿《けい》と尊称されてもいる。その書は現在二〇巻三二篇あり、各篇には内容にちなんでそれぞれ勧学篇、修身篇、天論篇、礼論篇、解蔽《かいへい》篇、正名《せいめい》篇、性悪篇等の名がつけられている。もっとも古い注は唐の楊倞《ようりよう》のものであるが、近世の注で克明さで知られているのは清の王先謙《おうせんけん》の「荀子集《しつ》解《かい》」である。

「史記」に収められたその伝は、必ずしも明確なものではないが、生涯を通じて比較的おだやかな学究的生活をつづけた人のようであり、その学説にも孟子に見られるような遊説の士のおもかげはない。これには当時起こった名実の論などによって正しい判断をつみ重ねて物を考えるという気風が学者たちの間に幾分かは重んじられるようになったことも関係しているかもしれない。いずれにしても、荀子はそのころの学者としてはめずらしく着実にものごとを考えようと努力した一面をもつ人と言ってよい。

荀子の思想の中心は性悪論と礼楽説《れいがくせつ》とにある。性悪説は主として「性悪篇」で説かれており、そのうちの「人の性は悪なり。その善なるものは偽なり」は、これを端的に示した言葉として知られている。

ところで孟子の性善説が荀子の性悪説に至る過程には「老子」の影響が考えられる。すなわち、孟子の後に出た「老子」は孟子の考えた善なる人性を思考の中にとり入れつつ、善なる人性の外にある自然（天・地など）をより規範的なものと考えた。「老子」の後の道家では、さらに、天を道とし、人を道にかなわないものとするようになったが、これに儒家の善悪の観念を適用させると、そこに天は善であるが、人性は悪だとする考え方が成り立つからである。このことに限らず、荀子の思想には道家の影響があり、それは「荀子」の全体にわたり、道家の術語が少なからず用いられていることからも容易に推測される。

さて、人の性が悪であるとすれば、それを善に導く方法が考案されねばならない。荀子はその方法として聖人の作為した礼楽による民衆教化を提唱した。これがいわゆる礼楽説である。

ただ、ここで疑問となるのは、もし人の性が悪ならば、たとえ礼楽による教化が行なわれても善にはなりえないはずであるから、性は善にもなりうる資質をもっているとしなければならないということである。たしかに、この点では、荀子に思想の混乱があることは免れず、「荀子」のなかでは、性は善悪両分子を含むというような記述をしているところもある。したがって、孟子とくらべた場合でも、人性論で、両者の間に性善・性悪という語から受けるほどはっきりした根本的な対立があるとも思われず、むしろ、孟子は同じ人性の善い側のみを見て、性は善だといい、荀子は反対に悪い側のみを見て悪だとしたとさえ考えられる。

世に聖人の作為した礼楽というものがあり、それによって民衆を教え導くべきだとする政治思想は、儒家の伝統的な考え方の一つである教化説の一展開であるが、この場合、教化はもっぱら為政者によって行なわれる性質のものであり、民衆はただそれを受け入れるものとしか考えられていなかった。かくして民衆の意志や能力についての信頼は依然として欠けており、この点では孔子以来の儒家の考え方と少しも変わっていない。

以上のほか荀子の思想で注目されてよいのは、「天論篇」などに見える事物についての理知的な判断の仕方であろう。いま、その一端を示す。

星墜《お》ち木鳴れば、国人皆恐る。曰く「これ何ぞや」と。曰く、「何もなきなり。これ天地の変、陰陽の化にして、物のまれに至る（生ずる）ものなり。これを怪しむは可なり（よろしい）。これを畏《おそ》るるは非なり。かの日月の蝕《しょく》（日蝕、月蝕）ある、風雨の時ならざる、怪星のたまたまあらはるるは、これ世として常にあらざることなし。上明らかにして政平らかなればすなわち並世にして（たてつづけに）起こるといえども傷《やぶ》る（困る）ことなし。上闇にして政険なれば（上にたつ者がおろかで政治がよくない）、一の至るなしといえども、益なきなり。」

これは天文の不思議と考えられがちな現象に対する人間の側からの自信にみちたきわめて明快な理解の仕方である。

つぎに注目されるのは「正名篇」などに見えるもので、事象を分類したり順序を追って定義したりしながら、世上の抽象的な問題を累層的に思考してゆく仕方の示されている例である。荀子の思想は、つぎの漢代のはじめには、かなり有力なものとして残ってゆくのであるが、いま述べた二つの注目すべき傾向のみはあまり継承されてゆくことはない。

2 墨家の主張

戦国初期の人と考えられる墨翟《ぼくてき》（墨子とも子墨子ともよばれる）の説を継承したのが墨家《ぼくか》である。墨子については、すでにふれたように「孟子」のなかで、孟子が口をきわめて攻撃しているところであり、孟子のころにはすでにかなり有力な学派となっていたことがわかる。「韓非子《かんぴし》」の「顕学篇《けんがくへん》」などの記載によると墨子の死後、墨家には三墨とよばれる三つの学派があったとされている。「荀子」の「非十二子篇」にも墨子に対する批判がのせられており、戦国末においても墨家はなお依然として大きな勢力をもっていたかと考えられる。

墨翟の説を収めたとされる「墨子」には、「子墨子曰く」と墨子を尊称しているところが諸所に見いだされるので、少なくとも「墨子」が墨翟の自著でないことは明らかである。「墨子」の尚賢《しょうけん》、尚同《しょうどう》、兼愛など一一篇中には、内容がいずれも大同小異の上中下もしくは上下の各篇が並置されているが、これは、右にのべた三墨の存在を裏づけるものだともされている。

全体は一五巻五三篇であり、主な篇名をあげれば、修身篇、尚賢篇、兼愛篇、非攻篇、節用篇、節葬《せっそう》篇、明鬼《めいき》篇、非儒篇、備城門《びじょうもん》篇などがある。著作の時代は篇によって異なると思われるが、いずれにしても、それらは戦国中期以後末期にかけて、順次、書きつがれていったものであろう（「墨子」編纂の時期はさらに下って漢初と考えてもよい）。この書は、古来、注釈がほとんどなく、先秦の諸子の著作のなかでも難解なものの一つとされていたが、清代になって孫詒譲《そんいじょう》の「墨子間詁《かんこ》」があらわされて、ようやく研究が緒《ちょ》についた感がある。

墨家の祖である墨翟の重要な思想の、第一にあげられるのは兼愛説《けんあい》である。「墨子」兼愛篇の上によると、兼愛とは「人を愛することその身を愛するがごとくす」とあって、文字通り自己と他人とを兼ねて愛することである。「孟子」はこの点を攻撃して、君や父に対して特別に重きを置かない兼愛説は、君や父を無視する禽獣の世界のものであると評している。しかし、全体としてこれらの孟子の論調には、さきにものべたように大言壮語が多く、ことに反対説を攻撃するときには、往々にして事実と離れた言辞を弄することがあるから、そのまま信ずるわけにはゆかない。

けれども「墨子」の側の主張にも、自己と他人との利害が衝突した場合にはどうすべきか（自己を損じても他人を利すべきか）、不特定多数の他人と、君や父など親厚な関係にある他人との間に、愛の差があるべきか、なかるべきか等については、ほとんど触れたところがないから、果して墨子がそれをどう考えていたのかは不明である。この点では、兼愛説も他の上代の諸家の説と同じく空漠たる抽象論と評すべきものであって、実践的な面の配慮を欠いたものであると言われても致し方ない。

また、「兼愛篇」の下を見ると「人を愛する者は必ず愛され、人を悪《にく》む者は必ず悪《にく》まる」という語があって、墨子の愛は、自分が人を愛すれば他人も自分を愛してくれるはずだという功利的見地に立っての愛であると考えられるから、今日における人間愛にもとづく平等主義や、汝の隣人を愛せよという博愛主義とは異なるものである。これについては、この時代にはまだ自己を組織の一分子とする公共的集団意識や、小なる自己に対する大いなる自己という自覚がなかったことを思いあわせなければならない。

要するに、兼愛説における愛の意味は、あいまいであり、論理的に不徹底なものであると言うほかはない。兼愛説から派生したものが非攻説であり、それを取扱ったのが「非攻篇」であるが、この非攻という観念はやがて「老子」のなかにとり入れられて老子の「不争の説」を生むこととなる。

兼愛説についで重要な墨子の主張は、節用、節葬、非楽などの諸篇に見られるような反儒家の立場を強くうち出している箇所である。これらは、為政者が生活を豪華にし、厚葬を行ない、いたずらに楽《がく》にふけるのをそしったもので、それぞれに「節用説」、「節葬説」（薄葬《はくそう》説）、「非楽《ひがく》説」と名づけられている。これらは主として儒家の礼楽説が、結果的には、民衆の生活を圧迫するものとなるという批判であり、この時期における思想界での儒墨の抗争の有様を如実に伝えたものである。

墨家の説で、他に注意すべきものは、「明鬼篇」などに見られる一種の宗教的傾向であろう。すなわち「明鬼篇」では「天を尊び鬼に事《つか》ふ」という主張をしており、合理主義的傾向のいちじるしい荀子とは対立的に、天や鬼に意志のあることを認めようという考え方が見られ、それは、彼らが少しく民間信仰を継承したところがあるからだと判断される。

3　法家の人々

法家《ほうか》というよび名は「史記」の「太史公自序」にはじめてあらわれるものであり、「史記」の他のところでは「刑名《けいめい》の学」という名が多く用いられている。この学派は法を尚《たっと》び刑を明らかにするという法治主義を主張する。

この学派は戦国時代の慎到《しんとう》や申不害《しんふがい》などによってはじめられたかと考えられるが、その説の確立したのは戦国末の韓非子になってからである。また戦国時代に魏に仕えたといわれる李悝《りかい》という人物や秦に仕えた商鞅《しょうおう》や李斯《りし》なども法家の政治を行なった者とみなされている。

現在、彼らの遺著とされるものは、「李子」(李悝)、「商君書」(「商子」ともいう。商鞅)、「申子」(申不害)、「慎子」(慎到)、「韓非子」(韓非)等であるが、このうち前二者は全くの偽書であり、「申子」や「慎子」も成立過程が明白でなく、残された「韓非子」だけが法家思想を論ずる上で取上げるに足るものとみなすことができるのみである。(申不害や慎到の説は戦国の諸書に引かれたり批評されたりしていて大体のことは知りうるが詳細はわからない。慎到と並んで田駢《でんべん》の名があげられていることもあるが、この人物についても不明瞭な点が多い。）

現在の「韓非子」は二〇巻五五篇から成る。そのうち、冒頭にある「初見秦《しょけんしん》」、「存《そん》韓《かん》」の二篇は法家の思想とは関連の乏しい遊説策士の説を伝えていて、偽作であることは定説化している。また「解老《かいろう》」「喩老《ゆろう》」と名付けられる二篇も他の篇の主張と矛盾する点が多く、刑罰を用いないことを理想としたり慈愛を肯定したりするなど法家一般の考え方と合致しないから、韓非の著としてのみならず法家の著としても認められないものである。

この四篇を除けば、他の諸篇はおおむね根本の思想が一致しており、少なくとも戦国末における法家思想を述べた書であると認められるが、それらのどこまでが真に韓非子の説であるかは判定しにくい場合が多い。

「史記」によれば韓非子（韓非）は韓の公子の一人で、母国の衰運をなげいて、たびたび上書《じょうしょ》したが用いられず、ついに楚に赴いて、当時碩学の聞えの高かった荀子に学び、後、また韓に帰って韓王のために秦に出向くこととなったが、始皇帝によって殺されたという。生れつき吃音であったので著述に力を傾けたという伝えがあるが、たしかに「韓非子」の文章には独自の活気がみなぎっていて、それなりの説得力を感じさせる場合がある。

「韓非子」によって代表される法家思想の要点は、国を強くするには法を厳重にすべきだということに尽きる。ただ、これに関連して君主の力を大にし、臣下の力を弱めていかなければならないということがいろいろな形で説かれている。先秦の諸子百家はいずれもみな多少の差はあっても君主のために道を説いた者であるが、韓非子をはじめ法家はそのなかでも、もっとも徹底したところをもっていた。彼らは儒家のように、列国が天下の覇権を握るために戦をくり返しているのを非難したりはしない。むしろ、その現実を肯定していかにしたら強大になりうるかという覇王の術を正面から論じようとしている。人間観においても人は利益と威力とによってのみ支配できるという考え方に立つ。君主の臣下を操縦する術を説く際もひたすら冷酷な権謀術数の採用をすすめている。

歴史観においても他の学派に見られるような尚古《しょうこ》主義はとらず、あくまでも現実をふまえてゆこうとする。「五蠹《ごと》篇」にある「仁義は古《いにしえ》に用いられしも、今には用いられず。故に曰く、世異れば、すなわち、事異ると」という文や「先王の政をもって当世の民を治めんと欲するは、皆守株《しゅしゅ》（時勢を知らない者）の類なり」という主張などはそれを端的に示すものである。

思想史的には、韓非子の人間観は人は利益によって動くものだとする点で荀子の性悪説をうけていると考えられる。彼が荀子の門から出たとされるのも一つにはこうした点とかかわりがあるだろう。ただ荀子は、性の悪なる点を礼楽で規制してゆこうとしたのであるが、韓非子はそれを放任しつつ支配のための方便に利用しようとしている。

一方、仁義を排斥している点では老子の影響が考えられ、君主が臣下を用いるに当たって、好悪の感情を去らねばならぬとしたり、事物の判断の際には虚静の心境であるべきだとしたりしている点にもそれがあらわれている。

4　孫子の兵法

兵法書「孫子」の作者とされる孫武の伝は「史記」にのせられているが、その伝で大部分を占めているのは、孫武が呉王の宮中の美女を用いて王の前で兵法を試みたという物語であり、そのほかには、彼が斉人であったことと、一三篇の兵法書をもって呉王に仕えたという二つのことが記されているだけである。

ところで、美女を用いて兵法を試みて見せたという物語とはどんな物語であろうか。

それは、孫武が宮中の美女を用いて兵法を試みたとき、宮女たちが孫武の指揮に従わなかったので、孫武が怒って、隊長に仕立てられた王の寵姫の罪を責め、「約束明らかならざる、申令《しんれい》（軍令）熟せざる（徹底しない）は将の罪なり。すでに明らかにして法の如くならざるは吏士の罪なり」と唱えてこれを斬罪に処そうとし、あわてた王が孫武にこの者たちの命ごいをすると、「将は軍にあっては君命受けざるところあり」と称してこれをしりぞけ、断乎として斬に処してしまうという筋のものである。

いま、この物語を分析してみると、それは、「法を守るべきこと」、「法の前には王といえども干渉の権利がないこと」の二つを強調している話と考えられるが、こういう考え方は、本来、法家の考え方であるから、この物語はいわば法家説話の一つであると言ってよいことになる。

そこで、念のため、同類の説話を他にさがしてみると、「韓非子」にある晋の文公の寵臣が斬られた話や、「史記」にある秦の太子が商鞅《しょうおう》に罰せられた話など法家系の説話が適例としてあげられる。

そこで、孫武の物語に、これら一連の法家説話と共通するものがあるとすれば、まだ法家のあらわれていなかった孫武の時代の話としては実話的価値を欠くことになるのは明らかである。

もちろん、他にいくつかの理由があるが、主として、ここから、孫武が実在しなかったとか「孫子」が孫武のものでないとかいう考えが生まれてくる。

いま、「孫子」を思想史的に見てみると、そこには老子流の表現が多く使われている。また、各所に老子あるいは道家風の気分が見られる。そこで、現在の「孫子」は少なくとも、そうしたものの流行していた時代の作であるとしなければならない。したがって、それは、戦国末か漢初に作られたものだということになろう。ただし、「孫子」の中心をなしているのは、やはり、戦国期の兵法家の考え方であるようであるから、それらから本来の兵家の様子を類推することは可能である。

ところで、戦国期に活躍した兵家とは一体どのような人々であったかを調べてみると、孫臏《そんぴん》や呉起《ごき》などという兵法家の事蹟に明らかなように、その政治観や倫理観は、法家に類する。そのことは、「荀子」の「議兵篇」にある当時の兵法家に対する批評からも認められる。

したがって、彼らは、思想的・政治的には法家系の人々とみなされてよいかも知れない。

「孫子」はその成立の事情がどんなものであるにしろ、古来、多くの人々に愛読されている。それは兵法としてのみならず処世術の書としてもおもしろい点があるからである。ただ、ここで言っておきたいのは、「孫子」を読んでその兵法が幽玄だとか深遠だとか言う人の多いことである。この人々は「孫子」に加えられた老子流の表現に眩惑《げんわく》されているのである。

なお、「孫子」と並び称される「呉子《ごし》」の兵法は、現存のものは後代の偽作であって、先秦の兵家とは関係がない。

5 名家の議論

戦国期に名実（名称と実体）を正すべきだという主張をかかげて議論を展開した人々に与えられたのが名家《めいか》という名である。彼らは今日の言葉で言えば、一種の論理学的な事柄を取扱う学徒であって、その議論は、まず、物の定義を決定し、名称と実体との異同を正し、名の中に含まれている概念のようなものを分析しようとするものである。この学派の人としては、ふつう恵施《けいし》、鄧析《とうせき》、公孫龍《こうそんりょう》らがあげられる。

恵施は梁の恵王の相《しょう》となった人であるという。「荘子」の「天下篇」によれば、きわめて多才で蔵書は五車に満つるほどであったとされる。その説は「荘子」の「斉物論篇」、「秋水篇」、「天下篇」などにのせられているものを通じて知ることができる。

鄧析のことは「荀子」の「非十二子篇」等に言及されているところがある。公孫龍は名家の代表的人物であるが、その名を冠する「公孫龍子」は自著ではない。しかし、そのほとんどは、戦国末か漢初かに成立したものと考えられるから、それによって、彼や彼ら名家の流れをくむ者の思想をおしはかることはできるとしてよいだろう。

いま、「荘子」の「天下篇」を見てみると恵施の弁というものが一〇条ほどのっている。そのうちの二つをあげるとつぎのようなものである。

○天は地よりも卑《ひく》く、山は沢よりも平らかなり。
○われ天下の中央を知る。燕《えん》の北は越《えつ》の南、これなり。

前者は形あるものは皆相対《そうたい》であり、物の高低深浅は人間の主観によって考え出された比較上の名称に過ぎず、その差異は実体ではないとしたものであり、後者は、燕は天下の北にある国、越は南にある国であるが、これは空間を有限とするから起こることであって、空間を無限とすれば天下の中央は燕の北であっても、越の南であってもよいという説である。

公孫龍の説として知られるのは「白馬は馬に非《あ》らず、堅石は石に非ず」といういわゆる「白馬非馬論」、「堅白《けんぱく》異同の弁」である。白馬が馬でないというのは白馬の概念と馬の概念とは同一でないというものである。すなわち馬は、この場合、概念であり名である。一方、白馬は実体であり形である。そこで、具象の実体と抽象の概念とを混同してはならないと主張する。堅石が石でないというのは、堅石と白石とは二つの概念であって、堅と白とは離して考えるべきだという説である。

これらは一応、このような論理学的な説明を施すことができるものであるが、本来、果して彼らがこういう純粋な学問的動機からこうしたことを考え出したかどうかははなはだ疑問である。たとえば白馬非馬論にしても、白馬と馬との概念は不同だというべきなのに、「非」という語を用いて言っているため、ことさらに人の意表をつくことになる。それは人を驚かして喜ぶような気分があり、言を弄して人を欺く態度がある。現実に名家は本来弁者と呼ばれていた。彼らは当時盛んであった遊説の士の一人でもあり、その説によって君主に利禄を求めてもいたのである。名実を正して考え方を整理してゆこうとするよりも、論理的錯誤を巧みに利用して説を立てることのほうにより一層興味があったのではないかと思われる。そうしてその詭弁的な側面は他の学派からの反論をひき起こさせているが、それは彼らにそうしたものを招く点のあったことを物語っている。

名家に限らず、戦国中末期には思想界一般にこうした「名実の論」が流行し、「墨子」の「経説篇」や「荀子」の「正名篇」など、この問題を扱う篇もあらわれるに至る。これは当時における諸学派間の論争の紛起が実際問題として、多少とも論理学的整理を必要とする点があったからであろう。

6　享楽思想と養生説

「孟子」のなかで、墨翟とともに楊墨と並称されて攻撃を受けているのは楊朱である。「孟子」の「滕文公篇」上には「楊子は我がためにす。これ君を無《な》みするなり」とあり、「尽心篇」上には「楊子は我がために取る。一毛を抜きても天下を利するを為《な》さざるなり」とあるが、このほかには、この人物について記したものはなく、もちろん、その著と称されるものも伝わらないから、くわしいことは一切わからない。「孟子」の言葉から推測すると一種の利己主義の主張と考えられ、一般にはそれは為我《いが》説という名称でよばれている。

彼の主張は、「孟子」においては墨子の兼愛説と対比されているから、兼愛説と同じく、政治説として唱え出されたものなのであろうが、のちの晋代に編まれたかと考えられる「列子《れっし》」の「楊朱篇」というところでは、道家風の個人主義的享楽思想を説いたことになっている。彼の説とそうした享楽思想との関係はあきらかでないが、彼の主張のなかに享楽主義の気分があったであろうことは否定しがたい。

ところで戦国末には現実生活の上で享楽的傾向が濃厚になって来たと考えられ、それとともにこれを戒める養生説《ようせいせつ》が生まれてくる。

養生説を唱えた養生家ともいうべき人の名や著述は残っていないが、養生思想によって書かれたと思われるものは、「荘子」の「養生主篇」や秦末に成立した「呂氏春秋《りょし》」の「本生篇」、「重己篇《ちょうき》」、「貴生篇」、「情欲篇」、「尽数篇」、「先己篇《せんき》」などである。養生というのは「生命を保持して長寿を達成する」というだけの主張であるが、養生家はそれをこの世における唯一最大の仕事であるとした。生を養い、寿を全くする方法としては、欲望の制御や精神の安静が考えられたほか、人体の精気や飲食居処に関することなど衛生知識風のことも考え出されている。また、「呂氏春秋」の「本生篇」などには、民に生を全うさせるのが天子の任務であるとすることによって政治説に転化していったところもある。

しかし、一般的に言うと、彼らは生命の保持を望んでいるけれども、不死を期待してはいない。

むしろ、彼らは、死を当然受けるべき人の運命と考えて、それに安んずることこそ、生命をそこなわずに保つことになるとして、「安死《あんし》」ということを唱えている。

したがって、養生説では、生命を何らかの特殊な方法で永遠に保つということは問題としていない。これは養生説が知識人の思想であって俗信から出た主張でないことを物語るものであろう。けれども、では、なぜ久しく生きようとするのか、生きていてその間なにをなすべきなのか、ということについては何も言っていない。言っているのは、生命を保持せよ、天命を全うせよということだけである。すなわち論理的には、人はただ生物的に生き、生きんがために生きるのだという帰結になる。

しかし、この養生説が一転して俗信のなかの不死の希求とむすびついてゆくと、神仙思想の発生をうながし、また道家の思想とむすびついてゆくと、「全生《ぜんせい》」（生を全うする）のための手段としての隠遁の思想をよびおこすこととなるのである。

7　陰陽説・五行説

「孟子」のなかには陰陽説は見えていないが、「荀子」「荘子」「呂氏春秋」などの戦国末期の書物には陰陽説の出ていないものはない。したがってこの説は戦国末期に流行してきた説であると考えることができる。（「老子」の中に陰陽という語を含む文章があるが、その文章がはじめから「老子」にあったものかどうかは疑問である。）

陰陽説の基本となった陰陽とは何かといえば、それは形に対する気である。陰陽説では宇宙間の森羅万象はこの気によって成り立っているとされる。そうしてその気には陰気・陽気の二気があると考えられた。陰というのは日かげ、陽というのは日なたという意味であるが、宇宙間のものには、このように両面がそなわっているというのがその出発点である。たとえば、天地、昼夜、男女、剛柔などもそれである。つまり、それはこうした日常普通の経験を基礎として作られたものである。また、それはいわば二元論的宇宙観であるが、同じく二元論であっても、それを他の諸民族の原始思想に見られるような善と悪や、神と悪魔の抗争や対立としていないところに大きな特色がある。すなわち、陰陽は対立した二元ではなくて、二つとも補足し合って宇宙や人生を成り立たせる性質のものであり、そこには、自然と人間は対立するものではなく、自然は万物を生育するものだという漢民族の基本的な考え方が存在している。陰陽説では、この二気が併存的または継起的関係をもって作用して、宇宙間の万象を成り立たせていると説明した。天地、男女は前者であり、昼夜や寒暑は後者である。そうしてそうした関係は何ものによっても動かされない必然的な自然の理法であるとされた。

また、この理法に逆行しないことが大切なこととされ、それは具体的には養生説などにも理論的基礎として採り入れられてゆくことになる。さらに、生物の育成繁茂も陰陽調和の結果と考えられ、同時に天地には生成の徳があるともされる。

このころ、陰陽説と同じく宇宙間の秩序や自然の理法などを説明するいま一つの説である五行《ごぎょう》説があらわれている。五行説では宇宙間には「木・火・土・金《ごん》・水」によって象徴される五つの気があり、事物はそれぞれそのいずれかによって支配されていると考える。その支配の関係をふつう「五行の配当」という。配当されたそれらは互いに感応し調和し連絡する。この五行間の相互関係については、戦国末には「相勝《そうしょう》（相剋《そうこく》）説」が行なわれたが、漢代に入ってからは「相生《そうせい》説」が有力となった。相勝説とは五行が互いに減ずるとして水は火に克《か》ち、火は金に克ち、金は木に克ち、木は土に克ち、土は水に克つとするもので、その順序は、水・火・金・木・土となる。相生説とは五行が互いに生じ合うのをいい、木は火を生じ、火は土を生じ、土は金を生じ、金は水を生じ、水は木を生ずるというもので、その順序は木・火・土・金・水である。のちには、これが歴代の帝王の興亡にあてはめられてゆき、秦は水徳であるとか、漢は土徳であるとか規定する政治思想に発展をしてゆく。

陰陽説も五行説も、つぎの漢代に至って儒家に採り入れられ、儒家の思想に大きな変化を与えるものであるので、漢代の思想の部分でさらにふれるとし、ここでは、ただ、それらの基本的な説明だけにとどめておく。

8 呂氏春秋

「呂氏春秋」は「史記」によれば秦の宰相であった呂不韋《りょふい》が、門下に多くの食客《しょっかく》を集めて著作させた書物であるという。内容は八覧、六論、十二紀に分れ、二十余万言にのぼるぼう大なものであり、「呂覧《りょらん》」という別称もある。呂不韋という人物は商人から身を起こして秦の荘襄王《そうじょう》と始皇帝の二代に相となったといわれるが、この書の完成したときに、これを都の門に置き、その上に千金をかけて、「よく一字を増減する者あらば千金を与えん」と言ったが、何人《なんぴと》もそれを増減できなかったと伝えられる。

これらの事柄の真偽はさだかでないが、そこには儒家や道家をはじめ、兵家や名家や農家に至るまでの諸家の遺説が網羅されており、先秦時代における知識の総決算であり、諸学説に関する百科全書である感がある。それらのなかには、前人の著作の一部がそのまま転写されている場合も少なくないと考えられ、資料的価値は非常に高い。

なお、「呂氏春秋」でとくに注意しておくべきものは、十二紀の各々の首章（「十二月紀」という）にあらわれた「時令《じれい》の思想」についてである。時令の思想というのは四季や十二月にそれぞれ特殊なその季や月ごとの政令があるべきだとし、それに背いた場合には四時の運行が阻害されて災禍が生ずるという説から成り立つものである。これは先秦時代における天文や農業についての知識から生まれたものであろうけれども、実際に、「十二月紀」に書かれているものは、宇宙と人生の諸現象を組織立てて説明しようとするものであり、陰陽説や五行説とともに宇宙や人生の事物をことさらに図式化しようとする意図が強く出ていて、事物についての客観的な観察が二の次にされている傾向がある。なお、この十二月紀の文章は、漢代に作られた「礼記《らいき》」の「月令篇《げつれいへん》」にほとんどそのままの形で収められている。

漢代の思想

一　時代の概観

この篇では秦の滅亡から前漢を経て後漢の末年までを取扱う。年代で言うとBC二〇〇年ごろからAD二二〇年ごろまでに当たる。西洋ではハンニバル戦争と呼ばれる第二次ポエニ戦争によってローマが西地中海地方の覇者となったころから、カルタゴの滅亡やグラックス兄弟の活躍、シーザーの台頭、ローマ帝政の成立などを経て、ローマ帝国の版図が最大となり、近東ではペルシアにササン朝が生まれようとするころまでを含む。日本では縄文式文化がようやく終わろうとするころから、やがて弥生式文化の時代に入り、青銅器や鉄器の使用なども見られるようになり、女王卑弥呼の出現などがあり、しだいに古墳時代に移行してゆく時代である。

漢代は前漢・後漢とに分れ、前漢の歴史は後漢の班固《はんこ》の書いた「漢書《かんじょ》」に、後漢の歴史は六朝《りくちょう》の宋の范曄《はんよう》の「後漢書」に記されている。なお「史記」にも、司馬遷が在世した前漢の武帝のころまでの歴史が収められている。前漢と後漢を分けているのは王莽《おうもう》によって建てられた「新《しん》」であるが、新はAD八年から二三年まで、わずか一五年で終わっている。

漢の政治機構は秦の始皇帝によってはじめられた郡県制をほぼ踏襲したものである。中央集権的な専制君主体制のもとに中央、地方に配置された官僚群によって運営されるこの政治機構は、その後二〇〇〇年にわたる歴代王朝の国家体制の根本となって維持されてゆく。なお、前漢の武帝のときに儒家の学が国教化されてから、こうした体制下の官僚群は儒教の教条に従って選抜され、孝廉《こうれん》、賢良《けんりょう》、文学、方正、秀才などの科目が設定されることになった。前漢は都を長安に、後漢は洛陽に置いた。五銖《ごしゅ》銭の改鋳や塩鉄専売の開始などに見られるような貨幣経済の浸透や産業の進展は中央アジア商業路の開拓などに伴い、ますます盛大となり、右の二つの都のほか、臨淄《りんし》、晋陽、江陵、宛《えん》、成都（蜀）などの大きな商業都市を生むに至った。

華北の乾燥した黄土地帯を中心として行なわれていた農業生産は畑作物を主体とするものであり、主な作物は、粟（禾という文字であらわされる）と麦であった。稲は淮《わい》河《なん》以南で栽培されていたが、生産技術は低く、あまり重要視される作物ではなかったようである。農村には大姓《たいせい》、豪宗《ごうそう》とよばれる豪族がいて、多数の奴婢と広大な耕地とを所有していたが、そこに都市で富裕となった商人の勢力が加わったため、これらの人々と一般農民との対極化が進んでいった。限田《げんでん》法といわれる大土地所有制限政策はほとんど効を奏せず、豪族の勢力はついに漢王朝の存立を左右するに至り、黄巾の乱などに象徴されるような貧窮化した地方農民の大規模な反乱とともに群雄割拠の情勢をもたらし、ついに後漢の滅亡をむかえることとなる。

思想界は、前漢の第七代の帝王である武帝ないしは第一〇代の宣帝のころまでは、戦国以来の諸学派の抗争対立が、漢という確固たる統一王朝の出現によって、大きな混乱に誘いこまれるとともに、そのなかから時代に即応する新しい方向を見いだしてゆくという一種の重要な時期に当たる。したがって、この時期に対して、思想史上、漢初という名称を与えることが認められてよいであろう。

この時期に他の学派を出し抜いてたくみに新しい時勢への順応をとげた儒家は、武帝のとき、ついにその学説を国教化させることに成功して、思想史上に一時期を画することとなる。先秦以来の儒学は、ここにおいて名実ともに儒教という名称を得ることとなり、その主な典籍の経典としての比重はさらに重いものとなり、その権威も公的なものとなっていった。かくして、これらの経典を研究するという意味で「儒教」はまた「経学《けいがく》」とも言われるようになった。

こうした事情のもとに経典の研究は学者たちの間に急速にひろまっていった。それは主として経典の字句の訓詁注釈に関する形をとって行なわれたので、訓詁学といわれる。この時期にそれを代表する学者は許慎《きょしん》、服虔《ふくけん》、馬融《ばゆう》、鄭玄《じょうげん》らである。

一方、前漢末以来、「讖緯《しんい》思想」と名づけられる一種の神秘主義が流行し、それが実際政治の世界や訓詁学の領域にまで入りこむ様相を呈する。またこれとは別に後漢の王充《おうじゅう》のように当時の社会の迷信を一掃することに努めるとともに訓詁学をも排除して独自の学説をたてることに興味を示した学者もあらわれた。

文学の方面では、「楚辞」の系列に属する賦《ふ》（辞賦《じふ》ともいう）が栄えた。これは対句・押韻を用い、絢爛《けんらん》たる美辞をつらねて作られるもので武帝に仕えた司馬相如《しょうじょ》の例のごとく、宮廷文学として生命を与えられたものといってよい。当時の民間の歌謡は「楽府《がふ》」とよばれる作品群の一部として今日に伝えられている。絵画の面で著名なのは「画像石」である。それは広い石面に人物・車馬などを刻出したもので、描かれたものには老荘や神仙の思想にかかわりのあるものが少なくなく、かたわらに添えられている題字とともに思想史の資料としても利用価値をもつ。また、そこに見られる線描形式の白描画は、後の中国絵画の形式のなかに基本的なものとして生きているものである。

この時期の対外関係を見ると、第一に前漢の武帝のころの匈奴対策をめぐる西域との交渉が注目される。匈奴を挟撃《きょうげき》するために大月氏国に遣わされた張騫《ちょうけん》の事績は有名であるが、これをきっかけとして西南アジアの形勢がよく知られるようになり、東西交通の道も公けに開かれる。かくして西方の珍奇な異物も続々と輸入されるが、ブドウやザクロなどは「張騫物《もの》」とよばれて張騫自身が持ち帰ったことになっている。なお、将軍李広利《りこうり》は武帝の命を受けて西域に向かい新疆《しんきょう》を横切って大宛国《だいえん》を伐《う》ち、葱嶺《そうれい》(Pamir)を越えている。

後漢時代になると中国と西南アジア・インド方面との往来はさらに頻繁となり、西域の商人たちは国境地帯に多く集まって来ている。このころ甘英《かんえい》は、西アジアを過ぎ、ペルシア湾に達して帰国している。なお、前漢・後漢を通じてインドシナ半島および朝鮮との接触が見られたが、これらの国々のみならず、西域の諸国も漢の国力の消長によって政治的影響を受けている。

仏教は西域交通にともなう東西交渉の過程で東伝してきたものであるが、後漢の明帝のころ(AD六五年)、帝の異母弟である楚王英が仏教を信じ仏事供養を行なったという記載が「後漢書」にあるのをもって仏教の初伝とする説がある。楚王英の話の史実性ははっきりしないが、後漢の桓帝(在位一四七—六七)のころになると、安世高《あんせいこう》らの入来僧が相次ぎ、後漢末の霊帝、献帝らのころには多数の経典の訳出が行なわれて、ようやく思想界への具体的な影響があらわれる機運となる。

二　前漢の思想界

1　漢初という時代

戦国末から秦の統一をはさんで前漢の武帝・宣帝のころまでは思想史上切り離すことの出来ない一時期であることはすでにのべた。さて、戦国時代は秦の統一によって終わった。この統一は儒家の説くような先王の道によってではなく、現実に応じて武力をもっとも効果的に用い国力を十分に伸長させた国家による制覇であった。統一後の秦の丞相《じょうしょう》は韓非子《かんぴし》の同門だとされる李斯《りし》であったという。いわば法家《ほうか》流の現実主義の勝利である。

しかし天子となった始皇帝が建てた刻石の文を見ると必ずしも儒家の説くところを否定しているわけでもなく、李斯が始皇帝に行なわせたという「焚書坑儒《ふんしょこうじゅ》」の伝説も、どの程度の事実に基くものであるか疑問である。始皇帝の行なった政治がどんなもの

漢代の香炉

であったかもはっきりとはしない。「史記」の「秦始皇本紀」の記載などは思想史的に十分に吟味しなければならない性質のものであろう。

しかし、亡国となった秦の政治が悪虐の見本のように言われた時代に入って、漢初の法家が一時的にしろ不利な条件下におかれたことはたしかである。けれども実際政治に当たる者が法家流の政策を必要とするのは当然であって、事実、「史記」には五代目の文帝や六代目の景帝が法家の主義を採用したと伝えられており、この時期に作られたかと考えられるこの学派の著作ものこされていて、その勢力の依然として衰えていなかったことが知られる。

このころ、道家の側では、黄帝を老子とともに学祖と仰ぐ一派が台頭している。「黄老思想」とか「黄老の学」とかいわれるものがそれである。彼らが黄帝という人物を作り出したのは、おそらく、儒家の堯舜《ぎょうしゅん》に対抗するためであったろう。文帝の后であった竇太后《とうたいこう》が黄老の学に傾倒したというのはよく知られていることであるが、これはその勢力が宮廷にまで及んでいたことを物語るものであろう。

高祖の功臣であった曹参《そうさん》や張良《ちょうりょう》が道家の説を信奉していたと伝えられていることなども、この時期における道家思想の流行を裏づけている。武帝のころ、高祖の孫に当たる淮南《わいなん》王劉安《りゅうあん》のもとで編まれたという「淮南子《えなんじ》」は、「呂氏《りょし》春秋」と同様、諸学派の説を集成したものであるが、それらを貫くものは道家思想である。これは編集の基調になったものが道家思想であったからではあろうが、同時に道家思想の流行につれて、諸学派の側からも、道家思想への積極的な接近があったことを示すものである。

ところで、このころ、儒家はどのような状況に置かれていたであろうか。「焚書坑儒」が伝えられるほどのものでなかったとしても、秦末から漢初にかけての一時期は儒家にとってたしかに受難の時代であった。漢初の将相は、ほとんどいわゆる布衣《ふい》の人であり、儒家に対して好意も関心も持たなかったらしい。

民間から出たといわれる漢の高祖劉邦《りゅうほう》が儒者をきらい、儒生を見ればこれを侮ってその儒冠を剝ぎ、その中に放尿したという記事は、「史記」の「酈食其《れきいき》伝」にあるものである。こうした状況のなかから、道家の流行にもめげず、くり返しくり返し権力者に接近してゆき、ついに儒教の国教化に成功するまでの儒生たちの活躍はすさまじいものであるが、いまは、その過程を省略して、彼らが時代の新しい姿に対応するために、学説にどのような改造を加えたかということがらだけを述べることにする。

彼らの行なった改造の第一は「礼楽説《れいがく》」の伸長である。これは、帝王の権威を文飾する点で、王室にとり入るのにもっとも効果的な手段であった。叔孫通《しゆくそんとう》が高祖にすすめて朝廷の儀礼を定めさせ、それを執行して見せたとき、高祖が、「われ、はじめて皇帝の貴きを知れり」と言って感動したという「史記」の記載は、この間のことを端的に物語るものである。また、漢初には、なお依然として勢力のあった墨家《ぼくか》がやがて衰滅に帰するのであるが、それは彼らが、この儒家の礼楽説を否定する立場に立つ点で、本質的に新しい時代に応じきれないものをもっていたためであったのではなかろうか。

改造の第二は「易《えき》の経典化」である。もともと易は筮《ぜい》という占いのためのものにすぎなかったが、戦国末期に今日にあるような形に複雑化された。ところで、この易には二つの点で道家思想に通ずるものがある。

第一は吉凶禍福を予知し禍を去り福を求めるということが道家の説く処世の術、成功の道につながるという点であり、第二は人の生活を天地の変化に応ずるものだとした点である。かくして儒家は易を経典としてとり入れることによって、みずからの学説のなかに道家的な雰囲気をもちこみ、それによって、道家思想の流行していた時代の好みに自らも同調しようとしたのである。

改造の第三は陰陽《いんよう》説と五行《ごぎょう》説の摂取である。孔子以来、儒家は仁政によって民衆の生活を保全することを君王の責任としてきている。ところが、このころになると儒家はこれまた時代の流行であった陰陽説と五行説とをとって、あらたに、陰陽五行のはたらきを支障なく行なわせ、災異を生ぜしめず、民衆に安んじて生を遂げさせるのが天子の任務であるという政治思想を作り出した。これは従来の仁政の内容を質的に変えてしまったものであるが、天子を万物の主宰者にまで高める意味をもち、天子の権威づけには大いに役立つものであった。

2　易について

この時代に儒家の経典にとり入れられたばかりでなく、ついには「五経《ごきょう》」という儒家のもっとも重要な五つの経典のなかでも、首位を占めるようになる易について少しふれておきたい。

易はもともと亀卜《きぼく》などとともに上代の中国人の考え出した占いの方式の一つである。それは、ふつうは蓍《やく》（メドハギの茎）の計算による占いの方法であり、筮占《ぜいせん》ともよばれていた。易という名称は変易《へんえき》（変化する）から来ており、その原義は蜴《とかげ》であるとされるが、それは、蜴が色を変えるためだとも、また、蜴の色によって占う方法があったためだとも言われている。

占いの基本となるものは卦《か》であるが、それは本来、爻《こう》とよばれる二つの形象から成り立っている。すなわち⚊（剛爻《ごう》）と⚋（柔爻《じゅう》）である。前者は陽の、後者は陰の象徴とされるがそれは性器の象形かともされる。

この爻を三つずつ組み合わせると

☰　☷　☳　☴　☵　☲　☶　☱

右の八つの卦《か》が作られるが、これを八卦《か》（俗に八卦《け》）という。この卦にはそれぞれ乾《けん》　坤《こん》　震《しん》　巽《そん》　坎《かん》　離《り》　艮《ごん》　兌《だ》という名称がつけられている。つぎに、この八卦をさらに二卦ずつ組合せると六つの爻をもつ六四の卦ができる。そうして各爻をとれば、それらは三八四爻あることになるが、その各卦・各爻ごとに意味を附して、人事をも含む天地間のあらゆることがらを説明しようとするのが易の用法である。

意味づけのための卦につけられたことばが「彖辞《たんじ》」であり、爻につけられたのが

「象辞《しょうじ》」である。また、それらをさらに解説するために、「象伝」（上・下）、「象伝」（上・下）、「繫辞《けいじ》」（上・下）、「説卦《せっか》」、「文言《ぶんげん》」、「序卦《じょか》」、「雑卦《ざっか》」の一〇篇の文章があり、この一〇篇は「十翼《じゅうよく》」とよばれている。伝説では、「象辞」は周の文王が、「象辞」は周公が、「十翼」は孔子が作ったとされているが、もちろん偽託である。「八卦」を伏羲《ふっき》が作ったというのもいうまでもなく伝説である。

もともと「易」は漢初に儒家の経典とされるまでは、儒家とはほとんどかかわりのないものであった。儒家に採り入れられてから、おそらく卦辞や爻辞に修正が加えられたであろうし、その解釈としての「十翼」なども作られてしだいに整備されていったものであろうと考えられる。儒家を易にひきつけたものは、易のなかの道家的気分であるが、儒家における易解釈の基礎となったものは「陰陽説」であり、それらが加わることによって、この時代に今日に見られるような複雑な内容をもつ易が生まれたのである。

「易」が陰陽説を採り入れた端的な例は、六四卦が陰陽二気の配合消長や宇宙万物の成立や運行の象徴だとしている点にあると言ってよいだろう。本来の易は吉凶禍福を知るためのものであり、道徳を説き政治を論ずることを主としていた儒家の教えとは、あまりかかわることは少なかったのである。

儒教の経典となってからの「易」は知識社会の人々の信奉を得て大いに尊ばれるに至ったが、客観的に見てみると、易の占いは決して神秘的なものでなく、むしろ知的な操作でさえある。すなわち、易では神を呼ぶとか、神の力がはたらくことの示される儀礼を行なうとかいうような宗教的な行為は少しもなく、易占《えきせん》の上にあらわれることがらも、自然の理のみであって、人格を有する神の意志ではないからである。

易の世界は陰陽五行のはたらきにしろ、天文暦数の変化にしろ、すべて機械的に組織された整然たる理法の支配する世界と考えられている。そうして、そこでは人生もその機械組織の一部にすぎないのである。

ことばをかえて言えば彼らにとっては、人生の変化をも含めて、あらゆる宇宙の現象は、すでに決定されている理法の世界なのである。その変化は進歩ではなくて、きめられている輪の循環にすぎないとみなされている。かくして、そこでは、人間は、その理法を超えた何物かに期待をかけることはしない。理法を理法として甘受し、現実を現実として享受するだけである。人は易によって理法を知り、その理法の定めるところを運命として理解すれば足りるのである。それは一種の決定論的運命観であり、易のなかの言葉で表現すれば「楽天知命《らくてんちめい》」(天を楽しみ命を知る)という人生態度になろう。人間はそこでは、決して理想の光をかかげて活動する存在でなく、吉であれば動き、凶であれば避けるのである。結局、易の世界とは、運命に順応して賢く身を処するだけの生き方を説くものなのである。

3 儒教の官学化

いままでのべてきたように漢初の儒家の教えは、孔子のころはもとよりのこと、孟子や荀子《じゅんし》のころの儒家とも大いに異なる夾雑《きょうざつ》分子をとり入れて変貌をとげた。漢王朝がこれを官学としてとりあげるようになった理由もこの変貌した部分にかかわることが少なくない。

歴史的に言うと儒教を官学とし、その教えを政治の原理とすると定めたのは武帝であり、その直接の契機となったものは、董仲舒《とうちゅうじょ》が武帝の策問に応じて出した意見書といわれる「対策」であるとされている。彼の対策と称せられるものは、いま、漢書の彼の伝のなかに三篇ほどのこされている。

官学化にともない、建元五年（BC一三六）には「五経博士《ごきょうはかせ》」が置かれることになった。これは、「易」、「書」、「詩」、「礼」、「春秋」の「五経」についての学官であり、それに任ぜられた者は、各々一経を専攻する一方、太学《たいがく》で弟子の教育に当たった。弟子たちは、太学で儒教の経典に習熟したのち、えらばれて官吏となってゆくのであるが、この制度は、まもなく儒者出身の公孫弘《こうそんこう》が丞相《じょうしょう》となるに及んで一層整備されることになった。

かくして、孔子以来、民間の学すなわち私学であった儒学は、ここに至ってはじめて官許の学としての地位を確立したのである。官学の徒となった儒者たちは、従来の特異な儒冠や儒服を棄ててはしまったが、あらたに官府の権威を背景にして他の学派に臨むこととなった。」他の学派は、この正統となった学派のかたわらでわずかに存在がみとめられるだけのものとなり、それもやがては単なる思想としてだけのものになり、学派としては、事実上、まもなく消滅におもむいてしまった。本来、仕官を生命とする知識人たちが、このころからいずれも争って儒家の学に就くようになったからであり、このため、知識社会には、期せずして儒教による思想統一が推進されることになった。そうして、儒家の経典のみが経と称されるようになり、その学は経学《けいがく》として尊ばれ、一方、この儒家を本位として、他の学派の学を諸子とよぶ風が生まれた。

しかし、注意すべきことは、官学化したからと言って漢王朝が実際に儒家の説による政治を行なったわけではないということである。漢王朝はむしろただ王室の権威の支柱を思想の上に見いだそうとしたにすぎず、彼らが儒家に求めたものは、儒家の思想によって漢王朝の権威を粉飾する言説を出してもらうことと、実際政治にあまりかかわりのない礼の行事をとり行なってもらうこととの二つであった。前者のためには「春秋」がとくに役立てられ、後者のためには、つぎつぎと礼に関する著作が世に出されることになり、それらは「礼記《らいき》」という書物に集大成されてゆくのである。

先秦の儒者がさかんに唱えていた湯王や武王の革命によって天下を掌握した説話(湯武《とうぶ》放伐《ほうばつ》)はこのころになると、ほとんど言われなくなった。彼らは現実の政治権力に全面的に妥協して、漢の天子たちを、彼らが説いてきた先王の道を行なう帝王であるとみなし、儒教を原理として政治を行なうとしている漢の世は、先王の世と同じであると考えたりするようになった。

官学としての儒教の地位は、ここに定まるとともに、以後、清末までほとんど変わることなく守られてゆく。かくして、中国は二千余年にわたって表面的には儒教国家となり政治は儒者でもある官吏を主体として行なわれるものとなっていった。

しかし、実際には、政治の運用は、いままでも述べたごとく、必ずしも儒教によって行なわれていたのではなかった。儒教を官学と定めた武帝自身も、一方において方士の説を信じて神仙を求めたり、儒教の否定する種々の祈禱をしたりしている。また、前漢の第一〇代の天子である宣帝も、儒教好みの太子を戒めて、「漢は古来王道と覇道とを併用して政治を行なっている。儒者などという者は、実際のことを全く知らず、ただ、昔はよかったと言っては今のことを批判するだけである。「本のよみすぎ」のため観念と現実とをとりちがえて少しも気づかず、間の抜けたようなキレイごとを並べたてて気どっているだけの者たちにすぎない。彼らの言うことを本気で聞いたり、まともに相手にしてはならない」という意味のことを言っている。こうした例は後代にもしばしば見られることであるが、歴代の史書を見れば、現実の施策が儒家よりも、むしろ、法家的なものであったことは、きわめて明白である。

儒者の生活においてさえも、儒教の教説がそのまま彼らの日常を絶対的に支配していたわけではない。もちろん、学者や官吏のなかには、儒教の精神に従って身を処したり、そうしようと努めたりした人がいなかったわけではなかったが、一般的に言えば、彼らの生活や気分の世界までがそれ一色になっていた例は少ない。彼らが道家的な気分にひかれたりしていた例は、儒学の徒であるとともに官吏でもあった唐代の詩人たちの作品の上にしばしばあらわれているし、儒教の教養が形だけのものになってしまっている例は、堕落した官吏の生態を描いた明・清の小説などによってよく知られているところである。

まして、一般民衆の道徳生活が儒教の教えなどによって左右されたり影響されたりしたものでないことはいうまでもない。中国においては、為政者または知識人と民衆との間の生活環境の差は後代に至っても依然としてはなはだしく大きいものがあり、前者の文化は後者の世界にあまりかかわることがなかった。また、もともと、儒教は民衆を教化するということを言ってはいるが、彼らには一方的な教化の観念があるだけで民衆のために道徳を樹立してやるような気ははじめからなく、道徳はもっぱら為政者の政治の原理の一環として為政者の治政のためにのみ説かれつづけていたのであり、民衆生活の間に儒教の精神が浸透してゆくことなどはあまり考えられないことでもあった。

三　後漢の学術

1　今古文の論争

前漢の武帝が董仲舒の建言にもとづいて五経博士を置いたとき、儒者の間では「五経」のそれぞれについて種々の学統が並び存していた。たとえば、詩には轅固《えんこ》の伝えた「斉詩」、申培《しんばい》の伝えた「魯詩」、韓嬰の伝えた「韓詩」の三家があり、「春秋」にも胡母生《こもせい》の伝えた「公羊《くよう》学」、江公の伝えた「穀梁《こくりよう》学」の二つがあったことなどがそれであり、それらはすべてで一四あったので、「前漢十四博士」ともよばれる。これらの人々によって伝えられた経と、彼らによってそこに加えられた注釈（これを伝《でん》という）とは、いずれも漢代に通用していた隷書《れいしょ》（いわゆる今文《きんぶん》、文とは字の意）で書かれていた。

ところが、同じ武帝のころ、孔子の旧宅の壁中から現われたと称する経典が学者たちによって世に出されることになったが、それらの書物は、いずれも漢以前の古籀《こちゅう》文字で書かれていたので、「古文」と言われることになった。孔子の旧宅の壁中から現われたという経の中には、「儀礼《ぎらい》」、「尚書《しょうしょ》」、「春秋」、「論語」、「孝経《こうきょう》」などがあり、これらは「孔壁《こうへき》古文」とか「壁中書」とかよばれるが、のちには、これらのほかに、河間《かかん》の献王が入手したという諸種の経典をはじめとして古文のテキストがつぎつぎに世に出るようになった。

しかし、はじめはすでに今文のテキストを伝える学者たちが学官に立っていたので、古文の学は主として民間で伝授されていたにすぎなかったが、前漢の末になると、劉《りゅう》歆《きん》らによって、これらを学官に立てようという運動が盛んに行なわれるようになった。それらのなかには、前漢の初期には人に知られていなかった経伝である「春秋」の「左氏伝《さしでん》」や「周官《しゅうかん》」（周礼《しゅらい》）や「詩経《しきょう》」の「毛伝《もうでん》」なども含まれている。

劉歆らは、今文は秦の始皇帝の焚書による残欠にすぎず、古文こそ先秦の経の正統のものであると主張した。これに対し、すでに学官に立っていた今文のいわゆる十四博士らは自衛上これとはげしく論争した。古文家の運動は、この間少しずつ功を奏して、前漢の末ごろの平《へい》帝のとき一時的にではあるが「毛詩」や「古文尚書」、「左氏伝」などが学官に立てられることになり、王莽《おうもう》のときには「周官」も学官に立つこととなった。

後漢に入ると、この両者の争いはますますはげしくなり、第三代の章帝のときには詔《みことのり》により諸学者を集めて白虎観《びゃっこかん》というところで、両派による五経に関する討論が行なわれ、そのときの記録が「白虎通《びゃっこつう》」という書物となって今日まで伝えられているが、このころを境として今文はしだいに衰えてゆき、やがて古文盛行の時代をむかえることになる。

今文と古文との主張のちがいは、いろいろあるが、今文派が孔子を学祖とするのに対し古文派は周公を祖とし、今文派が「五経」を孔子の作とするのに対し古文派が孔子の刪定《さんてい》とし、今文派が「公羊伝」を重んじ緯書《いしょ》を信じ文字のなかに孔子の「微言大《びげんたい》義《ぎ》」が存するとするのに対し、古文派は緯書をしりぞけ、誣妄《ふもう》の説を排そうとするのなどが主なものである。

この時代のおわりにほとんど絶えてしまうことになる今文学がはるか後代の清の道《どう》光《こう》年間に再興され、その時期の学術史および思想史に大きな変化を与えることになることについては、後述するとして、いまなぜ、今古文の論争が前漢末から後漢時代にかけて熾烈《しれつ》になったかを考えてみると、それは一つには学者たちが経書の意味を解釈する以外にほとんど仕事らしい仕事をもたなくなったこと、二つには、彼らが、経書の学を通じて朝廷に地位を得ることを畢生《ひっせい》の願いとしていたことから、同じ儒家のなかで利害を争わねばならなかった事情があったこと、三つには孔子の死後、ようやく五〇〇年になろうとして、先秦以来伝承された経典の意味にも不明のところが増え、それをめぐって諸説が紛起するようになったことなどが主な理由と考えられる。

2　訓詁学の形成

今古文の争いはあったけれども、一般的に言うと、後世に伝えられるような儒教の学説は前漢時代のおわりにほぼ出来上がっている。この間にとり入れられたものは、すでにのべたように「易」であり「陰陽説」であり「五行説」であり、「緯書の説」であり、そこに生まれたもっとも代表的な思想は「天人相関《てんじんそうかん》の思想」であると言える。儒者たちは、孔子以来の説を大幅に改変してこうしたものをとり入れ、みずからに新装を施すことによって、新しい時代に即応して行ったのであるが、後漢時代になると、一たん出来上がった秦以来の政治形態は固定化して、官学となった儒教の地位にも変動がなくなったので、儒者たちはもはやその教説に何らの新装を施す必要を感じなくなった。

こうして、この時期における彼らの主な仕事は、経典となった書物の本文の段落を明らかにしたり、読み方を考えたり、その意味を解釈したりすることなどであった。時代がすすむと経典の注釈である伝にも種々の解釈が生じてくるので、伝についての研究もまた仕事の一つに加えられてゆく。たとえば、「公羊伝」の何休《かきゅう》の注や、「尚書大伝」という書物についての鄭玄《じょうげん》の注などがそれである。世間では、彼らの仕事が句意を考える訓《くん》と、字義を考える詁《こ》とから成り立っているので、「訓詁《くんこ》学」とよんでいる。

後漢の学者たちは大なり小なりこぞってこの訓詁学に従事するようになった。それは、煩雑で根気のいる仕事ではあったが、他に積極的な仕事をもたない学究たちに一定の生き甲斐を与えたり、ある程度の知的関心ともよぶべきものを満足させたりする内容をもっていたので、以後、大いに世に行なわれることになった。

この伝統はつぎの時代の魏晋六朝から唐代までほとんど変わることなくつづくので、訓詁学はまた別に「漢唐訓詁の学」ともよばれている。

後漢時代を通じて訓詁学者とよばれるべき学者は数多く、たとえば、班固《はんこ》、服虔《ふくけん》、馬融《ばゆう》らもそうであるが、このうち、とくにあげられるべき人は、許慎《きょしん》と鄭玄とであろう。

許慎の伝は「後漢書《ごかんじょ》」の儒者の列伝である「儒林伝」のなかにあるが、その生没ははっきりしない。活躍したのは第四代の和《わ》帝のころであり、学を古文学派の賈逵《かき》という学者から受け、「五経」に関する諸説を統一する意味で「五経異義」という著作をしたといい、当時の大学者であった馬融が、この書を見て大いにその才をほめ、「五経無双」の称を与えたとされているが、現在、その書は伝わっていない。ほかに「淮《え》南子《なんじ》」や「史記」、「漢書」の注も残したといわれるが、これらも伝わっていない。彼の著作で今日まで伝わっている唯一のものは「説文解字《せつもんかいじ》」であり、この一書によって彼の名声は学術史上にとどろくこととなった。

この書は一四篇（ほかに叙に当る一篇がある）から成り、当時存在していた九三五三字の漢字を偏《へん》や旁《つくり》などの部首によって五四〇部に分類し（一から始まり亥《がい》におわる）、各文字の構造を「象形・指事・会意・形声・転注・仮借《かしゃ》」のいわゆる六書《りくしょ》で説明し、まず義（意味）を説き、つぎに音を示している。つまり、漢字の三つの要素である形（字形）・音（発音）・義（意味）を記してゆくものであって、今日の漢和辞典の祖型をなすものである。なお、音と義との関係に関しては、「天、顚《てん》也」の例のように、一種の音義相関説ともいうべき方法がとられている。

きわめて組織的で詳密な内容をもつこの著述は、この時代の学界の代表作の一つとするに足るものである。のちに清代に至って「説文解字」の研究が盛んになったころ、孫星衍《そんせいえん》という学者が、「許慎の功績は昔の聖天子である禹《う》以上のものだ」とまで激賞しているが、これは、この書がなかったならば、後世、秦漢以前の文字の意味を探究するのに、はなはだしい困難を来たし、ひいては経典の研究さえもおぼつかなくなってしまっただろうという意味においてであろう。

鄭玄が世に出たのは後漢の末であり、許慎よりも数十年後である。彼は字を康成《こうせい》といったので鄭《てい》康成の名でも知られている。彼ははじめ郷里の村の税吏であったが、のち上京して大学に入り、三〇代になってはじめて古文学派の大儒馬融の門下生となった。

七年の間、門下にあって、帰郷しようとしたとき、馬融が「鄭《てい》生、いま去らば、わが道、東せん」という言葉を贈って、将来に期待したと伝えられている。以後、彼はしばしば官途に推されても就かず、郷里にあって門下を導くとともに、今文古文の諸説をことごとく総合して経およびその解釈の整理統一をめざして著述につとめた。そうして「六芸論《りくげいろん》」その他の独立の著作のほかに、「五経」をはじめとする多数の経伝に注釈を加えた。しかしそれらのうち、今日、完全に伝わっているものは、「詩経《しきょう》」、「周礼《しゅらい》」、「儀礼《ぎらい》」、「礼記《らいき》」の四書についてのものだけである。

このなかで、「詩経」に関するものは、前漢の毛亨《もうこう》、毛萇《もうちょう》の伝えたといういわゆる「毛詩」に加えられた注釈であり、一般にこれを「鄭箋《ていせん》」とよび、毛氏の伝とならべて、「伝箋《でんせん》」として知られているが、これは宋代に朱子の注釈である「詩集伝」があらわれるまで、「詩経」についてのもっとも権威ある注釈として世に行なわれたものである。彼は本来、礼《れい》の学にくわしく、「礼は是れ鄭学」ともいわれたくらいであり、各種の注釈も、ともすれば礼にひきつけて展開される傾向があって、「毛詩鄭箋」の場合にもしばしばそのきらいのあることが指摘されている。

彼の亡佚《ぼういつ》した他の注釈の断片は、今日、「鄭《てい》氏佚書《いつしょ》」という書物に集められており、それらを参照して知られる彼の学績は、克明で多岐にわたり、時として緯書の説をもとり入れている点もあるが、いずれにしても、それは後漢末における訓詁学の大成者の名に値し、後世に及ぼした影響は大きい。

許慎や鄭玄ら訓詁学者に見られる一つの特色は現実の政治上のことについての意見をあまり言わないことであるが、この風は、後漢時代からすでに始まっている。意識して官途を避けた鄭玄の場合に顕著に見られるように、しだいに現実とかかわることなく、もっぱら書物の世界に自分を置こうと努めるようになる。もちろん歴代の儒者のなかには官吏となってその抱負経綸を行なおうとする人もあり、後漢の時代にもそうした人々も少なくはなかったが、一般には純粋に学究的になろうとする者が多かったのである。鄭玄の場合は、盛んなときには千人の門人がいたといわれているが、官学としての儒教の地位が安定した結果、儒者たちにとって、官吏とならなくとも、その学を講ずることによって、名利を得ることが可能な情勢になりつつあったと見ることができよう。

3　桓譚と王充

訓詁学者たちが経典を伝承することにのみとらわれて、独自の思索を試みたり当時の儒教そのものの在り方について反省したりすることをおろそかにしているなかで、知識界のなかにも、少なくとも自分自身の素朴な考え方に照らして物事を考えてゆこうとした人々がいなかったわけではなかった。それらの人々は、桓譚《かんたん》、張衡《ちようこう》、王充《おうじゆう》、王符《おうふ》、荀悦《じゆんえつ》、仲長統《ちゆうちようとう》らであるが、ここでは、桓譚と王充とをとりあげてその主張するところを見てみたいと思う。

桓譚は学者であるとともに、文人でもあり音楽にも通じていたという。光武帝に仕えたが、光武帝が讖《しん》による予言を信じているのを諫めたため、帝の怒りにふれて左遷されることになり、その地におもむく途中で病没したと伝えられる。時局に関する発言を好み、官吏の選択や法令の統一を説いたり、重農抑商を提唱したりなどして、この時代の学者としては、深く政治にかかわることをあえてした人であったといえる。災異説や予言を否定している点では公羊学に反対する立場の人と言えるが、彼の主張は今古文の争いによる学派的見地からのものではなく、むしろ現実を直視する実際家としていわば常識論の上に立っての発言である。

その著とされる「新論」は二九篇あったといわれるが亡んでしまっていまはない。他書に引用されている彼の意見を集めて一書とし、「新論」と名づけたものが清代に作られて伝わるだけである。

桓譚ののちに、章帝のころ、「論衡《ろんこう》」を書いて世にあらわれた王充は、かつて、「新論」をよみ、大いに感動したという。彼はきわめて独自な考え方をした学者であるが、本来、家貧しく、つねに洛陽の街にゆき、書店で立読みをしては学を貯えたといわれている。「論衡」を書いたのは六〇歳のときであるが、彼はこのとき一切世と交りを絶ってこの著述に力を注いだという。著述の目的は、「虚妄をしりぞけ、真実を明らかにするため」であるとみずから記しているが、その立場は桓譚と同じく当時の知識界の非合理的な言説や神秘主義についての批判となって示されている。ことに、漢代の儒者の盛んにとなえた天人相関説を否定し、自然と人事とは無縁であると言っている。しかし彼の批判は単に漢代の儒教の迷妄をうんぬんするにとどまらず、孔子や孟子の学説の批判にまでおよんでおり、わずかながらも儒教の束縛から脱しようとするところがあるように思われる。

もともと彼の批判は、どの場合でもあくまでも経験的事実に照らして卒直に物事を認識してゆこうとするところから出発している。これは、本来、実生活と知識とが別別に存在し、実生活から遊離した知識が知識だけの世界で通用していた儒教への当然の批判である。

ことに、天人相関説や讖緯思想が現われてからの儒教では、世の治乱や政治の善悪に関して、眼前に明らかな事実があるのに、儒者たちは、一向にそれらの事実を正しく知ろうとせず、全く空虚な災異説などを適用してほしいままな解釈にふけっていた。にもかかわらず、世間ではそうした儒者たちが立派な学者として堂々とまかり通っていたのであるから全く不可解なことであった。

桓譚や王充らは、こうした学者たちの無責任で幻想的な言説と、それを平気で許しておく観念的な知識界の慣行とに強い反感を抱いた人々である。彼らは肌で感じ実感で悟ったことを重んじ、そこから生まれた自分の意見を大胆に世に問うたけれども、いつの時代でも虚偽に支配されることの多い世間の大勢には彼らの正論も受け入れられることがなかった。金もなく世渡りも下手であった彼らはかくして不遇のうちに死に、歴史の上では異端の名が彼らに与えられているのみである。

4　王莽の出現まで

官学となったのちの儒家の学では、易や陰陽説がますます有力となる一方、これらと関係の深い占星術や五行説・時令《じれい》説なども流行し、これにともなって、政治の善悪と天体の運行や四季の循環が相関の関係にあるという「天人相関説」(天人の際ともいう)が大いに論じられるようになった。天人相関説は天地間のことを天子が調節すると考える点で天子を一種の呪術師に見立てるものであり、こうした見方は、本来の儒学にはなかったものであるから、この時期以後の儒教なるものは孔子の時代の教説と質的にもますますちがったものになってゆくと言える。

しかし、伝統的な学説の一つである礼の説は、この時代においても相変わらず説かれており、前漢の末になるとその儀礼を彼らの主張通りに天子に行なわせようとさえしている。これは、さきにもふれたように礼の説が帝王の権威をたかめる上で都合のよいものであるから、これによって帝王にとり入ろうとしていたのである。

儒家がこの時期に伝統的なものと異質的なものとを定見もなく雑然とむすびつけている例は「中庸《ちゆうよう》」において見ることができる。「中庸」の作者については古くから孔子の孫の子思《しし》の作であるとする説が行なわれているが、それはあくまでも仮託であり、思想史的には、この書はこの時期の儒者の著作の一つと見るべきものと考えられる。いまこの書を見ると、そこには、道家風の性の説、荀子風の礼の説、仁義をいい五倫をいう道徳説、陰陽説、天地化育《かいく》の説、妖祥《ようしょう》の説などが、雑然と入っている。思うに「中庸」にかぎらず、この時期には古人や古典に託した著作がしきりに作られているが、これは儒者が新時代の傾向に即応して儒教の内部で新意を出そうとしたからであろう。王莽の時代における緯《い》書の出現にもそうした動きとかかわりがあると言える。

緯書の背景をなすものは讖緯《しんい》思想である。讖とは謎によって未来の吉凶を予言するもの、緯とは陰陽五行の思想で経書を解釈しようとするものであり、ともに非合理的で神秘的な内容をもつものである。前漢の帝位を奪った王莽も当時流行していた讖を利用して人心を集めて新《しん》という王朝を作ったし、この王莽を倒した後漢の光武帝も讖を作為して帝位についており、政治の上にまでその作用は及んでいるわけである。

緯書は経書に対する語であり、経（たて糸）に対して緯（よこ糸）の意をもち、経書では十分にのべつくせなかったところを緯書が補っていると称して孔子の名に託して世に出されたものである。その説くところは具体的には天人相関説や災異妖祥などにかかわりのある奇怪なものである。

讖言や緯書のような荒唐無稽なものが通用したところには、前漢末までの思想界の混乱の様子がよく示されているといえる。王莽も光武帝も位につくと人々の祥瑞《しょうずい》の信仰を利用して盛んに符命《ふめい》（天子の受命に対する符瑞《ふずい》）を奉らせているが、儒者たちはこれに大いに協力している。緯書に対する信仰も少なくなく、後漢の大儒鄭玄さえも緯書にもとづいて経書を注したりしているくらいである。知識人たちのとったこのような態度は彼らの地位保全にかけた執着と不可分のものであり、同時に物事の真実をきわめることを第一義としない彼らの学問の伝統にも由来している。

六朝・唐代の思想

一　時代の概観

この篇では、後漢の滅亡から隋の天下統一までと、隋の統一から唐の滅亡までとを取扱う。ここでは、まず前者について概観し、つぎに後者について概観することにする。

前者は年代で言うと、紀元二二〇年から五八九年ごろまでの三百六十余年に当たる。西洋では、ローマは軍人皇帝の時代からコンスタンチヌスの帝国統一を経て東西ローマに分裂している。この間、キリスト教の台頭がめざましく、テオドシウス帝のときに、ついにローマ帝国の国教となっている。また、その後、ヨーロッパ全体にいわゆる「民族大移動」がおこり、西ローマ帝国はこのために滅亡する。なお、この時期のおわりは法王グレゴリー一世の登場するころである。アウグスティヌスの「神の国」や「告白」が書かれたり、東ローマで民法大全といわれる「ユスティニアヌス法典」その他が作られたのもこの時代である。

日本では、この時代のはじめに邪馬台国の女王卑弥呼《ひみこ》が史上に現われているが、やがて大和時代に入り、朝鮮との交渉、任那《みまな》の成立などがある。その後は、中国の史書に「倭の五王」と記されている五代の天皇の時代がつづき、さらに下っては仏教の伝来、任那の滅亡、蘇我・物部両氏の争いなどがある。

「六朝《りくちょう》時代」というのは、狭義には、揚子江の下流域に建国し、いまの南京である建康に都した呉・東晋・宋・斉《せい》・梁・陳の六代の王朝の時代をさすのであるが、この時代には、中国史上、北方に別に、魏、西晋、五胡十六国、北魏、東魏、西魏、北斉、北周および蜀漢などの諸王朝があったので、広義には、それらを含めて「魏晋南北朝」と言っている時代のことである。これをとくに六朝とよびならわしているのは、この時代の文化の中心が主として南方の六つの王朝にあったと考えられているからである。この時代のことを記した史書には、「三国志」、「晋書《しんじょ》」、「宋書《そうじょ》」、「南斉書《なんせいしょ》」、「梁書」、「陳書」、「後魏書」、「北斉書」、「周書」、「南史」、「北史」がある。

政治界の状況は、南朝と北朝とでかなり違う。南朝では貴族政治が繁栄し江南の四姓とよばれる朱・陸・顧・張の四氏のほか、華北から来住した王・謝の二氏が勢力をもっていた。彼らは「九品中正《きゅうひんちゅうせい》の法」などを利用して、つねに高級官僚の地位を占めていたのである。

北朝では華北の名族が南遷して行ったのち、支配的勢力となった鮮卑《せんぴ》族による漢人の豪族への圧迫がつづき、政治運用の上での君主権の拡大はいちじるしかった。かくして、北朝では、漢以来の懸案であった土地兼併の制限に関して、「均田《きんでん》法」が実施されることになり、天下の田土をことごとく国有とする建前をとるなど、大幅な行政上の措置がとられていった。

北方では商品経済は漢代より後退したが、南方では稲作農業の発展とともに貨幣経済が盛んとなり、建康、呉（蘇州）、江陵、会稽（紹興）、広州などの大都市が栄えた。

思想の世界では、従来の儒教に対し、あらたに仏教と道教とがあらわれて、いわゆる「三教交渉の時代」に入った。学術一般では史学や地理学の発達も見られる。陳寿《ちんじゅ》の「三国志」や、范曄《はんよう》の「後漢書《ごかんじょ》」が作られたのもこの時代であり、中国地理学の祖といわれる司空裴秀《しくうはいしゅう》の「方格図」や、酈道元《りどうげん》の「水経注《すいけいちゅう》」、万震《ばんしん》の「南州異物志」、宗《そう》懍《りん》の「荊楚歳時記《けいそさいじき》」などもこのころ世に出ている。そのほか医書の「傷寒論《しょうかんろん》」や農業書の「斉民要術《せいみんようじゅつ》」なども残されている。

このほか、この時期には円周率をくわしく算出した祖《そ》沖之《ちゅうし》や、球の体積計算に成功した祖暅《けん》之（祖沖之の子）がいる。仏教の伝来は、副次的に音楽や絵画や彫刻などに新技術をもたらしているが、インドの音韻学ともいうべき「声明《しょうみょう》」の紹介によって、中国人の学者の間に、中国語に音韻学的な考察を施す気運が生じ、沈約《しんやく》の「四声の説」などのあらわれる契機を作った。四声の説は、やがて、詩の韻律に関する規則である平仄法《ひょうそく》についての議論をうながし、唐初における近体詩成立へとつながってゆく。

文学方面では、魏晋時代における三曹を中心とする建安文学や謝霊運《しゃれいうん》、陶淵明らの詩作がよく知られているが、この時期全般にわたり、五七言古詩や楽府《がふ》の作品が沢山のこされている。詩文の選集である「文選《もんぜん》」や、恋愛詩集ともいうべき「玉臺新詠《ぎょくだい》」の成立はいまさらいうまでもないが、文学批評といえる「文心彫龍《ぶんしんちょうりゅう》」のあらわれていることも注目される。

仏典の翻訳も相次いだが、翻訳に当たって、四字句とともに、五言詩の句形を用いることが多かったため、これを通じて仏典に親しむ詩人たちが生まれ、これが仏教の哲理を詩作のなかに浸透させてゆく一因となった。このほか、怪異を記した小説類の流行や、人物評論に当たる「世説新語《せせつしんご》」の成立など、世相を知るための材料は非常に豊富になっている。

漢代の画人たちが一般に下級の工匠たちにすぎなかったのに対し、魏晋のころには貴族出身の文人画家ともいうべき人々が輩出した。著名な顧愷之《こがいし》もその一人である。彼らは工匠としてでなく、自己の趣味によって絵画を制作した。画材も文学や史伝に求めたばかりではなく、風景画的なところにも求めるものがあり、いわゆる山水画が成立するに至る。南北朝時代になると専門的な宮廷画家が出現する。書道では王羲之《おうぎし》が名高い。なおこのころ、前代の隷書に代わり、あらたに楷・行・草の三体が実用に供せられるようになるが、一般には王羲之の作品に見られるような個性のある貴族的で典雅な作風が好まれた。

画家のなかには、仏教や道教に奉仕して、いわゆる「道釈画《どうしゃくが》」を画く人々も多くなっていった。そこには宗教のもつ霊感が彼らの芸術性をゆたかにする要素としてはたらいたことがうかがわれ、興味ある作品が残されている。

仏教関係の建築や彫刻のなかには西方美術の流れをくむものも多かった。なお、敦《とん》煌《こう》、雲崗、龍門《りゅうもん》などに残る石窟・石仏は、仏教が国家権力の大きな保護を受けていたことを物語る記念物である。

ところで、この篇の後半に当たる唐代では、隋の統一から唐の滅亡まで、すなわち、紀元五八九年から九〇七年ごろまでほぼ三二〇年あまりの間を取扱う。

西洋では、この間、七七一年にフランク王となったカロリング家のチャールズ大帝が今日の西独・仏・伊の地を統一している。

彼はその後八〇〇年にローマ法王から「西ローマ皇帝」の冠を受けることになる。彼によってはじめられたこの帝国は孫の代に三分されるが、ともかくもこれによって西欧の統合が行なわれ、以後、封建制度とカトリック教とに基礎をおく中世西欧文化の発達を見ることになった。八三〇年ごろには、フランクの北岸一帯にノルマン人によるいわゆる「ヴァイキング」の活躍がある。中央アジアでは、アラビア半島におこったイスラムが欧亜の南部とアフリカとを版図としてイスラム世界帝国を建設している。マホメットの「ヘジラ」すなわち回教暦元年は唐の初年に当たる。

日本では、この時代のはじめ、五九三年に推古天皇の摂政として、聖徳太子があらわれ、六〇七年には小野妹子を隋に派遣している。隋の滅んだのちには、六三〇年に第一回の「遣唐使」が出されている。それは、ちょうど貞観《じょうがん》の治《ち》で知られる唐の太宗《たいそう》のころである。大化の改新の行なわれたのは六四五年、そのころ玄奘三蔵《げんじょうさんぞう》がインドから帰国している。唐の律令を学び儒教による教化政治の理念にささえられた「大宝律令」の完成は七〇一年であり、当時唐では則天武后が政権の座についていた。「平安遷都」の行なわれた七九四年ごろには唐では吐蕃の侵寇《しんこう》がしきりであり、安禄山の乱後の国力の衰退は顕著になっている。唐の滅亡した九〇七年には「延喜式」が作られ、その二年前には「古今集」が撰進されている。唐風の模倣から出発した奈良・平安の文化がまさに花開こうとしているのである。

長城を築き運河を開き豪奢な宮殿を営んだ隋の煬帝《ようだい》の名はよく知られているが、彼の死後たちまち反乱が起こって隋は統一後わずかに二九年にして亡んでいる。この王朝の歴史は「隋書」という史書に記されている。

隋の後をうけた唐は天資英明と伝えられる第二代の太宗李世民のいわゆる「貞観の治」によって王朝三〇〇年の基礎を築くこととなるが、その勢威の振ったのは前半の一五〇年であって、この間、唐は漢民族を統合し四方の異民族を制圧して一種の世界国家を形成している。しかし、有名な「安禄山の乱」を起点とする玄宗の晩年からの約一五〇年は異民族のたえざる侵寇によって国内に動揺がつづき、再び国力を回復することなくひたすら滅亡へと向かってゆく。唐代の歴史を記したものは「唐書《とうじょ》」であるが、「唐書」には「新唐書」「旧唐書《くとうじょ》」の二種がある。前者は文章の整正を誇り、後者は資料性に長所があるとされている。

隋・唐ともに北朝から起こって天下を統一したので、その国家の制度は、大体、北朝の制度をひきついでいる。中央には、尚書《しょうしょ》・中書・門下の三省を置き、その長官を宰相《さいしょう》と言った。地方には州を置き刺史《しし》を任命して治めさせた。州の上に道《どう》を設けたのは唐の太宗のときであり、玄宗のときには一五道があったが、この道で兵馬行政の権をほしいままにしたのが「節度使」であり、彼らの勢力の拡大は中央政府の権威をしだいにおびやかしてゆくのである。

この時代における注目すべき制度は官吏任用法に見られる。それは「選挙」とよばれる制度であり、宋以後は「科挙」としてよく知られているものである。これは家柄を問わず天下の万人に対して高級官吏となる道を開いたものであって、官僚組織のなかに天下の英才をひきつけて六朝以来の貴族の勢力を抑圧してゆこうという意図をもつものであった。

試験の科目には秀才・明経《めいけい》・進士・俊士《しゅんし》・明法・明算などがあったが、もっとも多く採用されたのは、儒教の経典の釈義を主とする「明経」と詩賦や論策を主とする「進士」の二科であった。初期の段階では合格者の数も少なく、従来通り父祖の官爵のおかげで官吏に任用される貴族の子弟の数の方が多かったから科挙の実は中々あがらなかったが、のちには社会階層の変動とともに貴族の子弟以外の科挙合格者の数も増えて、それらが官僚群の中心となる時期もおとずれることとなった。また、科挙によって天下の人材が同一の科目を競って勉強したために、広く知識階級の間に思想の統一や知識の均一化が生まれることとなった。

科挙において栄えた明経・進士の二科のうちでも、前者よりも後者に応ずる者の方が圧倒的に多く、唐代では詩や文章が大いに流行したと言える。文学史、ことに詩の歴史の上では、ふつう四唐と言って、唐代を「初唐・盛唐・中唐・晩唐」の四期に区分するが、いずれの時代にも特色のある作家と作品とが見いだされる。

前代以来ひきつづき仏教も盛んであり、玄奘や義浄《ぎじょう》のように印度に渡って経典をもたらす者や金剛智《こんごうち》や不空金剛《ふくうこんごう》のように彼地から教を伝えてくる者もたえなかった。こうしたなかで達磨《だるま》から慧能《えのう》に伝えられた「禅宗」と、道綽《どうしゃく》・善導《ぜんどう》らによってひろめられた「浄土宗」とは、この時期を経て宋代に至り、いわゆる中国仏教として大いに栄えてゆくのである。

道教もその祖師である老子（李耳《りじ》）と唐室の姓とが同一であるというので国教として尊ばれた。玄宗は天下に令して家ごとに「老子道徳経」を備えさせたとも伝えられている。

なお、この頃の宗教界には一種の国際化が見られ、ペルシアから伝来したゾロアスター教（祆《けん》教という）や、同じく西方伝来のネストリウス教（景《けい》教という）、摩尼《まに》教、回教なども同時に流行している。

二　魏晋の社会

1　玄学と清談

六朝で仏教と道教とが流行する以前の魏晋の時代に広く知識人たちにもてはやされたのは「玄学《げんがく》」とよばれる一種の老荘学である。当時、人々は「易《えき》」と「老子」と「荘子《そうじ》」とを合わせて「三玄」と称したが、この三書を愛読して、そこから特異な宇宙論や人生論を引き出したのが玄学である。三玄や玄学の「玄」というのは、本来、深遠という意味をもつ文字であり、道家が道の状態を形容するのに好んで用いた語である。

玄学は一つには訓詁学の無味乾燥さに対する反動から生まれていると考えられる。すなわち、後漢の煩瑣《はんさ》な訓詁注釈は、そのきわまるところ、「書経《しょきょう》」の「堯典《ぎょうてん》」の篇目の二字を説明するのに六十余万言を費し、同じく「堯典」の冒頭の「曰若稽古帝堯」(曰《ここ》に若《ここ》に古《いにしえ》の帝堯《ぎょう》を稽《かんが》うるに)という句の中の「曰若稽古《えつじゃくけいこ》」の四字を論ずるのに三万語を弄したといわれるほどに至った。しかも、それはあくまでも技術的な字句の解釈に終始するものであり、今日の言葉でいう形而上学的な思弁を甚しく欠いていた。魏晋の人々はそうしたことにあきたらず、より多く思弁の世界に遊ぶことを願っていた。そこでは、政治論よりもむしろ処世の態度や心の在り方が関心の対象となっていた。その意味で彼らは三玄のなかでも、ことに「荘子」を好んだのである。

玄学の生まれたもう一つの理由は、魏晋の社会において学術が上層貴族の玩弄物《がんろう》となったことにあるとも考えられる。すなわち、後漢時代には学術は仕官を求める士人たちの手にあり、そこから儒教の権威を固守しようとする訓詁学とともに、儒教的な節義の観念を生き方の規範とする気風も生まれていた。

しかし、学術が貴族たちの手に移ると、日常生活の中での儒教倫理の生硬さはしりぞけられ、風雅で趣味的な生き方を是とする気分がひろがり、老荘風の超俗性が喜ばれ、そうした言辞をもてあそぶことが学問となったと言える。

玄学の立場から書かれたものには、何晏《かあん》の「道論《どうろん》」や「無名論」があり、他にまた王弼《おうひつ》の「老子注」や郭象《かくしょう》の「荘子注」、張湛《ちょうたん》の「列子注」などがある。

何晏は魏の人であり、字を平叔《へいしゅく》といった。曹操に愛されてその宮廷で育ったが、つねに貴公子風の生活を好み、おしろいを顔に塗り、我身の影法師の姿までも気にして歩いたといわれるほどのスタイリストであった。彼は、老荘的な気分を好み、どちらかといえば老荘の学徒であるが、その好みを反映させて儒書の注釈もしている。論語の古注として名高い彼の「論語集解《しっかい》」はその一つである。

王弼は魏の人で字を輔嗣《ほし》という。めぐまれた学問的境遇に生まれたため、若くして学界に頭角をあらわし、その学才と弁舌とで一時得意をきわめたが、間もなく夭折《ようせつ》している。客観的に見れば彼の学問は未熟であり、うぬぼれと一人よがりにみちており、その名声は軽薄な世人が彼の虚名に幻惑されていたことから生まれた点が多い。

彼の「老子注」は現存する「老子」の最古の注であり、王弼注として古来重んじられている著述である。この書の立場は「荘子」の思想に基いて「老子」を説明しようとしたものであり、「荘子」のなかに多分に含まれている個人の生き方の問題を「老子」の解釈のなかに導入したところに特色がある。このことは彼の施した易の注釈についても言えることである。

何晏も王弼も本来老荘の徒でありながら、それに偏せず好んで儒書の注解をしているがこれもまた玄学という学問の示している新しい行き方の一つである。

玄学は、この時代における老荘学の理論派の業績であるが、この理論をむしろ、生活の場で大胆に実践した人々も少なくはなかった。世にいう「竹林《ちくりん》の七賢」などもそれであり、彼らはお互いの気持を清談《せいだん》というものに託して吐露したと伝えられている。清談の「清」とは世俗の濁風に染まらぬ清らかさを意味するが、清談は貴族化した知識人が好んで世俗から逃避し、彼らだけの独善的な社交の場を作って遊戯的な気分で討論や対話を楽しんだところから起こっている。清談の内容は、世俗の権威である儒教倫理を否定し、自然の情をほしいままに発揮することを重んずる老荘の立場を称揚する風のものであった。

彼らは時の政治や社会の動きを論ずることを俗として嫌い、それらと没交渉であることをのぞんだ。彼らのなかには現実の生活上にも極度にその気分を横溢させて反俗的行為をこととする者もあった。阮籍《げんせき》とか嵇康《けいこう》とかの逸話にもそれが見えている。討論や対話の過程では、かつての名家《めいか》の論法が応用されてもいる。清談の風は魏晋の社会だけでなく、六朝時代全般にわたりあまり衰えることなくひきつがれていったので、この時代の貴族の生活と気分を知るためには不可欠の材料となっている。

2　仏教の流伝

仏教が西域との交通にともなう東西交渉の過程で後漢の明帝《めい》のころには東伝していたものであろうということはすでにのべた。伝来の時期については、別に前漢末の哀帝のころであるとする説もあって、これもまた有力である。

いずれにしても、三国を経て西晋の時代になると、「訳経《やくきょう》」も盛んとなり、中国人自身による仏典の研究や仏寺の建立なども大いに行なわれるようになった。またこのころ魏の曹植《そうしょく》や呉の孫権《そんけん》が仏教を尊信したことや陶淵明や謝霊運が江西の廬山《ろざん》にいた名僧慧遠《えおん》の門に入ったことなどもよく知られた事実である。

この時代の僧侶たちは仏教を盛んにするために積極的に貴族に接近した。彼らは貴族の尊信を得たのちに、貴族たちの富力による経済的援助をのぞんでいたのである。このため、玄学と清談の流行している社交界の気分に迎合しようとして、彼らは、みずからの仏教思想を老荘その他在来の中国思想に託して説明することを試みた。これは、とくに「般若《はんにゃ》の空理」や「維摩《ゆいま》の思想」を説明するのに適用されているが、この一種の便宜的解釈法を一般には「格義《かくぎ》」といい、この時期のこうした過渡的な仏教を格義仏教とよんでいる。

彼らはこの方法によって、仏典に説かれていることは何ら特殊なことではなく、在来の中国の経籍《けいせき》の中にあるものと一致することが多いのだと主張したが、この行き方は、大いに功を奏し、貴族たちの好意を獲得するのに少なからず役立っている。当時の僧侶のうち、竺法雅《じくほうが》や康法朗《こうほうろう》などは、こうした格義に長じた僧侶として知られる人であり、常州の白馬寺で劉系之らと荘子を論じた支遁《しとん》の「荘子注」や「即色遊玄論」は、このころの格義を代表する著述である。

当時の僧侶たちが貴族の社交界に迎えられたいま一つの理由としては、彼らの身分や教養なども関係していると考えられる。すなわち、当時の僧侶たちのうち、外来の者は、多くはその国の王子や一族であり、風貌や教養などにおいて、大いに貴族たちに敬慕されるものをもっていたようであり、中国人の僧侶も、多くは江北の士大夫の出であり、家格は必ずしも高くはなかったが、出家以前に儒教や老荘などの書に十分親しんでおり、その点での貴族の信頼を失うことがなかったからである。

この格義仏教は、過渡期の便法として考え出されたものであり、彼らがいかに巧みに論理を構築しても、やはり本質をあいまいにし、その教義をゆがめていることは免れなかった。

東晋の道安《どうあん》や鳩摩羅什《くまらじゆう》らが、そのことを批判して、格義からの脱却を提唱するに至ったのは当然の動きであった。

道安は西域からの渡来僧である仏図澄《ぶっとちょう》の門から出た人であり、前秦の王から迎えられ、長安に入って国師となった。彼は格義を反省して仏典に直接に参入する研究方法をたて、多くの仏典の訳出と注釈とを行なったほか、漢訳仏典の総目録である「経《きょう》録《ろく》」を作ったりしている。彼はまた仏教教団の指導者として教団の儀式や規律を定めて自主的な中国仏教教団の創設を推進した。

鳩摩羅什は西域の亀茲《きじ》国生まれの学僧で、母は国王の妹であった。七歳のとき母とともに出家したが、長ずるとともに大乗仏教の布教を通じてその名は中国にも知られていた。道安が彼を招こうとして前秦王にはたらきかけたりしたことがあったのち、紀元四〇一年ごろ、迎えられて長安に至り国師の礼を受けることとなった。彼のもとに集まった学僧は三千といわれ、彼はその中心にいて中国仏教界の指導者として重きをなした。かくして、彼は精力的に多くの経論を訳出し、その流麗達意の訳文とともに訳経史上に不滅の業績を残す人となった。

訳出されたもののうち主なものは、「中論」、「百論」、「十二門論」(これを「三論」といい、印度の龍樹《りゅうじゅ》とその弟子提婆《だいば》の書とされる)、「成実論《じょうじつろん》」、「法華経」、「維摩経《ゆいまきょう》」等であり、これらは中国における「三論宗《さんろんしゅう》」や「成実宗《じょうじつしゅう》」成立の契機となっている。さきにあげた廬山の慧遠はこの鳩摩羅什とも交りがあり、その経義に関する質疑応

「虎渓三笑図」(狩野山楽筆　屏風一隻)

答は「大乗大義章《だいじょうたいぎしょう》」として残されている。彼もまた道安らと同じく格義仏教からの脱却に努力した有力者であり、南方の廬山にいたことから世に「廬山の慧遠」といわれている。彼は、初め、儒学や老荘を学んでいたが、二一歳のとき、道安の講義を聞いて心を満たされて出家したと伝えられる。彼は経典の訳出や研究をするとともに、その門下の人々を結集して「白蓮《びやくれん》社」という結社を作って「阿弥陀信仰」を鼓吹した。白蓮の名は仏堂の東西の二つの池にある蓮の花にちなんでつけられたとされているが、ここで行なわれた浄土念仏の行《ぎよう》は、後世の「浄土思想」に大きな影響を与え、浄土教隆盛の端緒をなしている。

慧遠についていま一つ注意すべきことは、彼が「沙門《しやもん》不敬王者論《ふけいおうじやろん》」を発表したことである。

これは、沙門つまり出家は王者つまり国家の権力に屈服する必要はないという主張であり、当時の僧侶たちが直面しなければならなかった仏教対儒教、宗教対国家の問題と取組み、精神界の王者として人間の苦悩を救おうとする宗教者は、世俗の権威である王侯の権威を超えたものであるという意見を提示したものであった。

六朝期を通じて、この「沙門不敬王者論」とともに知識人の間ではげしく論議のたたかわされた問題は、「神滅不滅の論」である。これは、仏教の伝来とともに中国の知識人に奇怪の感をひき起こさせ衝撃を与えつづけた仏教の「転生輪廻《てんしょうりんね》の説」をめぐる問題であって、まず在俗の学者の側から、転生輪廻するような神《しん》が死後に残るとは考えられないという意味での神滅論が出され、これに対し仏教の側から神不滅の反論がなされたものである。慧遠も前出の「沙門不敬王者論」の中の「形尽神不滅篇」の中で神の存在と輪廻の事実とを説き、「形（肉体）は尽きても神（精神）は滅びない」と述べている。現世のことは現世で解決せよという立場に立つ伝統文化の側からの発言のうち、とくにはげしい論調で知られているのは斉から梁のころの人である范縝《はんしん》の「神滅論」であり、このなかで彼は「神はすなわち形、形はすなわち神である。したがって、形が存すれば神も存するが、形がほろびれば神もほろびるものだ」と説いている。この「神滅論」に対しては、当時仏教を篤《あつ》く信じていた梁の武帝がみずからそれについての意見をのべて反論を加えていることも有名である。

いずれにしても、六朝期の仏教流伝の推移は、中国にとってのこの最初にして最大の外来思想が知識人の間にどういう形をとって浸透してゆくかを解明してくれる問題を多く含んでいると言えよう。

ところで、仏教思想に理解を示した貴族たちの中には進んで信仰の生活に入る者もあらわれたし、資産を傾けて仏寺を造営する者もいた。また、その邸宅を改造して寺院とし、附属の田園を提供してその維持費に当てることも行なわれた。これが「捨宅為寺」(宅を捨てて寺となす)、「捨園為寺」(田園を捨てて寺となす)といわれるものである。このため国都は仏教の中心地として栄えることになり、西晋のとき、洛陽には四二の寺があったが、その後、しだいに増えて北魏のころには一三六七寺が群立していたという。この間のことは古来名文として知られる楊衒之《ようげんし》の「洛陽伽藍記」などが伝えているところである。

仏教が貴族の生活に入ってゆくにつれ、芸術においても変化が見られるようになった。

仏教のもたらした宗教的霊感は芸術にたずさわる人々に、従来の儒教道徳にはない豊かな芸術性を与えることになり、この時代の書道や絵画の自由な発達を促進してい晋の明帝《めい》が仏教画であるいわゆる道釈画も盛んとなった。晋の明帝が仏画に巧みであり、宮廷内の楽賢堂《らくけん》に如来の像を画いたことも史上に名高い。

さて、この時代に出家をしたり、仏教にひかれていったりした人々には、どのような個人的な動機があったのであろうか。

第一に考えられることは、在来の道徳観念への不満である。たとえば、僧肇《そうじょう》は老荘について「美はすなわち美なり。然れども神を棲《と》め累を冥する方を期せば、なお、いまだ善を尽さず」（たしかに老荘の学はすぐれたものではあるが、魂を救い苦をのがれるためには、なお不足である）とのべている。そうして彼は、維摩経を見て歓喜し、そこに安心立命の境を発見して出家の道に入っている。

第二は幸せ薄く生まれた者が悪人が栄え善人が亡びるという古今東西変わることのない人の世の鉄則をいやというほど思い知らされ、さりとて悪人となることもできず、相次ぐ肉親の死などにますます無常を感じて出家してゆく場合である。

このほかにも、すでに信仰に入っている家庭に育ったものが、成長の過程で出家の生活に親しみを覚えて僧となってゆく場合もあった。

僧となった人々のこうした動機やその後の生き方などについては、彼らのことをしるした伝記集である「高僧伝」や彼らの所論を収めた「弘明集《ぐみょう》」、「広弘明集《こう》」などをよむことがもっとも意義がありまた興味のあることであろう。

3　道教の成立

仏教がどちらかと言えば社会の上層部の人々に接近を計りそこに流布していったのに対し、社会の下層にいる人々の間に入りこんで行ったのが道教である。

後漢中末期からの豪族の大土地所有の拡大とともに農村では土地を失って流民となる者がおびただしく発生した。彼らは社会のひずみを一身にうけたものであり、それぞれに大きな苦悩を背負っていた。さまよえる彼らに一つの生きる方向を与えたのが、のちに道教として組織されることになるいくつかの教団であった。

「太平道《たいへいどう》」もその一つであって、これは後漢の于吉《うきつ》という者が太上老君《たいじょう》（老子の化身）から授かったという「太平清領書《せいりようしょ》」を基とする教なので、そう名づけられるが、後漢の張角《ちようかく》が指導者となったころには、華北の八州に三六の支部があり、三十余万の信徒をもっていたとされる。まもなく彼は全信徒に指令して漢を打倒する戦いを開始するが、これが世に黄巾《こうきん》の乱といわれるものである。

これとほぼ同じころ、四川盆地から起こり漢中に進出して強大な勢力を誇った「五《ご》斗《と》米道《べいどう》」というものがあった。これは、「三張」とよばれる張陵《ちょうりょう》—張衡《ちょうこう》—張魯《ちょうろ》によってひきつがれた教団であり、信徒には家ごとに米五斗（いまの五升）を出させたのでその名があるという。四川に起こったこの教団は、もともとはこの西部山岳地帯に逃げこんでいた流民と、人口膨張のために漢民族と同居するようになった氐羌《ていきょう》族とを組織して生まれたものである。なお、この教は第三代の張魯が「天師」（師君《しくん》ともいう）と称してから、晋代になると「天師道」とよばれるようになる。そうして太平道が反乱をおこして亡びたのに反し、天師道は強大な軍閥の頭領であった曹操の門に下り、これと妥協してしだいに組織を改め、儀式をととのえなどして社会の上層の人々にも支持をひろげていった。江南の大姓《たいせい》として一流の貴族であった王氏の一族で書家としても名高い王羲之《おうぎし》やその子の凝之《ぎょうし》が熱心な信者になったのはそのころである。

太平道や天師道の教がどんなものであったかについては魏の文帝の「典略」という文章がつぎのように伝えている。

> 光和《こうわ》中、東方に張角あり、漢中に張脩《ちょうしゅう》あり。角は「太平道」をなし、脩は「五斗米道」となす。太平道は、師、九節杖《きゅうせつじょう》を持して符祝《ふしゅう》をなし、叩頭思過《こうとうしか》せしめ、よりて符水《ふすい》をもって之に飲ましむ。病あるいは日浅くして愈《い》ゆるを得たるものは、すな

わち、此人、道を信ずという。そのあるいは愈えざるものはすなわち道を信ぜすとなす。脩の法もほぼ角と同じ。加うるに静室を施し病者をしてその中にあって思過せしむ。（注）張脩は張衡の誤りかとされている。

これを見ると、彼らはまず病人に罪過を告白（思過）させ、つぎにそれを除くために、まじないの水（符水）をのませたものらしい。これは病苦の原因がその人のなした悪い行為によって起こるという考えを前提としたものであり、病苦の原因を外的な悪霊の作用に帰していた「巫祝《ふしゅく》道」よりも進歩したものであるといわれている。

なお、このころ、同じく道教の源流になったと考えられるいくつかの教団が他にもあった。たとえば甘陵《かんりょう》の甘始《かんし》という者の唱えた「行気《こうき》吐納《とのう》」という若返りのための呼吸法を奉ずる者たち、廬江《ろこう》の左慈《さじ》の「補導の術」という医療行為による長寿の法を信ずる者たちなどである。こうした養生《ようせい》法――これを「道術《どうじゅつ》」という――は、古く「呂《りょ》氏《し》春秋」や「淮南子《えなんじ》」などに見られたものであった。

左慈の門からは東晋のころに葛洪《かっこう》が出た。彼は仙人の実在を説き、仙人となる方法を述べたが、とくに仙薬を重んじている。また、彼は従来の「神仙道」に儒教的な倫理観を導入し、道教の教理の形成につとめている。その著とされるのが「抱朴子《ほうぼくし》」である。

つぎに、北魏の太武帝《たいぶ》のころ、天師道では新しい指導者として寇謙之《こうけんし》があらわれる。彼は嵩山《すうざん》において太上老君の啓示を得たと称して天師道の改革にのり出した。その改革は、道教を個人的な神仙術修行や民間療法の集団から、国家的な宗教に作り変えるためのものであった。

そこで、彼は天師道のいままでの教義のなかから反権力的要素と男女合気《がっき》という房中術のような猥雑なものとをとり去る一方、仏教にならって大いに教理と儀式をととのえている。彼のこの改革は効を奏し、太武帝から教団の公許を得ることとなった。道教という名称が用いられるようになったのはこの頃からである。

まもなく太武帝が正式に道教に帰依し、年号を「太平真君《たいへいしんくん》」と改め、仏教を廃して道教を国教とすることを定めるに至るが、ここにおいて、道教は大いに勢力を拡大してゆくことになった。他方、江南でも、陸修静《りくしゅうせい》や陶弘景《とうこうけい》が出て同じように教理の形成につとめるとともに、経典の編集に努力している。

このころから道教はしだいに整然とした教学と教系とをもつ宗教的勢力として、仏教とともに信仰の世界を二分する趣きを呈することになるのである。

このようにして形成された道教の内容を、いまわかり易く説明すると、次のようなものである。
その教えはまず神仙思想以来の「不老不死」を説くことを目的とするものである。それは、仏教やキリスト教のように、霊魂の不滅を信じたり、来世や天国での救済を説くことのない現世宗教である。

不老不死のための術が道術である。道術の種類には、「辟穀《へきこく》」（穀物を食べない）、「服食」（仙薬を飲む）、「服気《ふくき》」（調息《ちょうそく》ともいい、深呼吸をする）、「導引」（一種の柔軟体操）、「内思《ないし》」（瞑想による精神の集中）等がある。

世俗一般の信徒は、これとは別により現実的な目的をめざす。それは、福（子孫繁栄）、禄（財宝）、寿（長命）の三目的である。

なお、彼らの間には行為の善悪によって天帝から賞罰が下るという信仰があり、積善（善行を積むこと）が大事とされた。これを「陰騭《いんしつ》思想」という。かくして、日常における行為の点数表である「功過《こうか》格《かく》」というものが作られていた。功とは善行、過とは悪い行いのことである。

こうした点で、道教は儒教や仏教とちがって、もっとも生々しく中国人の現世的な倫理観や価値観とむすびついており、民衆の信仰として今後大いに研究の余地がのこされているといわれるゆえんである。

三　唐代の学芸

1　経学の統一

南北朝の時代には北方と南方とで経学の傾向にちがいがあった。北方では北魏の道武帝が経学を重んじて大学を立て五経博士を置いたのをはじめ、歴代の王朝が後漢以来の経学を奨励したので、後漢の鄭玄《じょうげん》の系統の訓詁学が盛んであった。一方、南方では魏の王粛《おうしゅく》や王弼《おうひつ》など鄭玄の学風に批判的で、むしろ、老荘風の解釈を儒学に導入したような人々の学風が好まれていた。これを当時の評語でいうと、北学は「淵綜博通《えんそうはくつう》」であり、南学は「清通簡要《せいつう》」であるということになる。

南北両朝が統一されたのち、国家の制度の上では、さきにもふれたように北朝のものが採用されたのであるが、世人の一般的な気分は、むしろ優美華麗なものを好んでおり、学界の大勢もしだいに南学に傾いていった。

ところで統一国家を完成させた唐の太宗は経籍に文字の異同が多く経義も多岐に失するのを憂い、これを国家の教育上や、制度上からも放置することを好まず、ついに時の大儒であった顔師古《がんしこ》に命じて経文を統一させ、孔穎達《ぐようだつ》らに命じて経義を統一させることにした。顔師古の作った五経に関する定本は、「顔氏定本」とよばれ、孔穎達らの選んだそれに対する注釈は「五経正義」とよばれる。

五経正義の内容はつぎのようなものである。

周易《しゅうえき》正義　王弼・韓康伯《かんこうはく》注

尚書《しょうしょ》正義　孔安国《こうあんこく》伝（伝というのは注釈の意）

毛詩正義　毛伝《もうでん》・鄭箋《ていせん》

礼記《らいき》正義　鄭玄注

春秋《しゅんじゅう》正義　杜預《どよ》注

これは全部が三二三巻にのぼる大部のものであり、それぞれに孔穎達らによって付された疏《そ》というものがついている。疏とは経書の注釈（これをふつう「経解《けいかい》」という）に対してさらに解釈を施したものをいい、そのため注とあわせて「注疏」という語も生まれているが、この疏は、主として六朝以来の仏典研究の影響をうけて起こったものであり、その形式・用語も仏典研究のそれから出ている点が少なくない。その上、思想においてもまた仏教に影響されている点がある。

「五経正義」に関係した顔師古・孔穎達らはいずれも南学系統の学者であり、出来上がったものには南学的色彩が強い。ところで、この五経正義は、いわゆる「欽定《きんてい》の経典」として尊重され、後代の経学研究の準拠となったのみならず、官吏登用試験の科目としても用いられたので、唐代の経学はしだいにこれに統一されてゆくという結果を生じ、漢以来紛起していた経学上の争いもようやく終りを告げることとなった。

思うに、「五経正義」が欽定されたのちの唐の経学者たちの仕事は、いわば宝蔵の番人のようなものであったろう。彼らは上代から伝えられて来た経書というぼうだいな文化遺産とその釈義とを大切に維持してゆくことだけを、みずからの任務と考えていた。彼らの唱える儒教が必ずしも実際の政治上の指導原理となっていなくとも、それが学官に立てられ、科挙の科目となり、太平の世の紛飾のために用いられていれば、彼らは満足であった。

さきにものべたように、彼らの理想はあくまでも上古の世にあり、したがって、世間が時とともに変化するだけでなく、進歩してゆく可能性をもつものだとは考えなかった。また、彼らには学者の仕事もしくは学問それ自体が、そうした時代の進歩にはたらきかけ、同時にみずからもそれによって錬磨されて進歩してゆくものだということも自覚されていなかったのである。

後漢末から六朝にかけては動乱の時代であり、地方では土地を失った流民や飢民が群をなして、大きな社会問題となっていたけれども、そうしたことは彼らの学問にはかかわりのないことであった。仏教が伝来して、人間の苦悩からの脱却を説き、衆《しゅ》生《じょう》の済度《さいど》をよびかけ、道教の結社が生まれて、生活難にあえぐ下層民たちが組織されていっても、儒者たちの関心はただこうした新勢力が学官に立てられている儒者の地位をおびやかすか否かにのみかかっていた。

このようにして、この時代の儒学は沈滞の一途をたどり、世の智能のすぐれた人々の多くは、むしろ、仏教の教理にひかれていったと言ってよく、このため仏者の中にはきわめて高い思考能力を発揮する人が輩出した。

隋代に「法華経」を正依《しょうえ》の経典とする「天台宗」を開いた智顗《ちぎ》、唐の太宗《たいそう》のころに印度から帰朝して「成唯識論《じょうゆいしきろん》」一〇巻をはじめ多くの仏典を訳出した玄奘《げんじょう》、その弟子で「唯識宗」の開祖となった窺基《きき》などもそれである。

もちろん、経学の分野でも、欽定の「五経正義」に対して異論を唱える人がいなかったわけではない。「周易集解」を書いた李鼎祚《りていそ》、「毛詩指説」を書いた成伯璵《せいはくよ》、「春秋集伝」を書いた啖助《たんじょ》、「原人」、「原道」などを書いた韓愈《かんゆ》、「復性書」を書いた李翺《りこう》らがそれである。なお、これらのうちでも韓愈とその弟子の李翺とはもっとも明確な主張をもっていた。それは、仏教や道教に対して実践道徳としての儒教の優位性を叫ぶことであり、そのために孟子以来の「道の伝統」(これを道統《どうとう》という)を復活すべきだとすることであった。そうして、また、その立論の基礎に「大学」や「中庸」を用いることでもあった。これらは、いずれもつぎの時代の宋学の先駆として注目されることである。

こうした点で、彼らはこの時代における正統思想としての儒教の危機をもっとも敏感に感じとった人々であったと言えるであろう。

2 詩人の心象

唐代は詩の栄えた時代であった。したがって、さきにも記したように科挙の科目の主なものとされた明経《めいけい》と進士とでは、経義を課する明経は敬遠され、詩文を課する進士にのみ人気が集中する傾向さえあった。人々は、こぞってこの試験を受け、これに合格して官職を得ることをもっとも名誉なこととしたのである。

ところで官吏でもあり詩人でもあった彼らの思想生活はどのようなものであったろうか。またそれは詩によって知られるであろうか。

詩文を主とする進士の科に合格したとはいえ、彼らの教養の多くが儒家の典籍によって成り立っていたことは言うまでもない。彼らの中には張九齢《ちようきゆうれい》や韓愈のように高級官僚になった者もあり、韋応物《いおうぶつ》や戴叔倫《たいしゆくりん》のように地方官として治績をあげた人もいる。しかし彼らの詩にはおおむね仏教や道教へのあこがれが見られる。そうして、賀《が》知《ち》章のように引退して道士になってしまった人や、王維《おうい》のように「詩仏」と称されるほどに仏教的なものに親んだ詩人もいた。香山居士《こうざんこじ》と号した白楽天や、居処にはつねに香を焚いていたという韋応物にも仏教へのあこがれが強い。

ところで、そういう場合、彼らはほんとうに仏教や道教を理解していたのであろうか。つまり、衆生を済度し苦の人生を解脱するという仏教の思惟や、長生久視《ちようせいきゆうし》を求める道教の教理をどの程度、組織的・本質的に認識していたのであろうか。

まず結論を言えば彼らには深い理解がなかったと考えられる。

すなわちふつう仏語や道教の言葉が用いられることの多い詩は、詩人が寺院や道観を訪れたときの詩であるが、そういう場合、彼らはそうした場所を必ずしも宗教的信仰の場所とは見ずに、彼らの置かれている「俗世」と対置される場として取扱っており、つねにその静かで奥深いことをたたえるのみなのである。その点でそれらは彼らが山村や渓谷に入ったときの作品とあまり変わらない。つまり彼らにとって寺院も道観も彼らの漠然と抱いている「隠逸《いんいつ》へのあこがれ」を託す場所に過ぎないのである。だから同じ詩人が同じ時期に寺院を訪ねたり道観を訪ねたりしているのであり、僧侶と交わるとともに道士とも交わっているのである。いま、特に具体的な例はあげないが、韋応物や白楽天の事績や詩を見れば、それらはきわめてはっきりと知られることである。

これだけでなく一般的に言って彼らの作品の中では、思想よりも文辞が重んじられており、内容のない言説をもてあそぶことがつねとされる風があった。だから、今日の人々が彼らの作品の字句の末にとらわれて、ただちに、彼らが仏教を奉じていたとか、道教を信じていたとか考えたりするのは誤りである。また、詩には詩としての伝統があり、物の見方にも制約と類型とがある。ことに近体の律詩の場合など、対句の技巧をはじめとするいくつかの修辞上のきまりがあって、作者の感情は必ずしも文字通りにはあらわせていないのがふつうである。

まして、当時の詩人たちは、今日の詩人たちのように詩に思想をもりこむような態度で詩を作っていたのではない。くり返して言えば彼らにとって詩は字句の技巧であり感情の遊びである趣きがあった。したがって彼らの詩から知られるものは縹渺《ひょうびょう》とした彼らの心象であって思想ではないのである。

宋・明の思想

一　時代の概観

この篇では唐の滅亡から五代・宋・元を経て明の成立までと、明の成立から滅亡までとを取扱う。順序として、まず、前者について概観し、つぎに後者について概観する。

前者は、年代で言うと、紀元九〇七年から一三六八年までの約四六〇年間である。西洋では、この間、九六二年にドイツにオットー一世の神聖ローマ帝国建設がある。一〇九六年、中国で宋の徽《き》宗が在位していたころには第一回の十字軍の出発がある。第三回の十字軍が出発した一一八九年ごろは、中国では朱子が宋学の大成に努力していた時期である。これよりさき一二一五年にはイギリスでジョン王がマグナ・カルタを承認している。蒙古でジンギス汗がまさに西途につこうとしたのはこのころである。中国で蒙古族のフビライが北京に都して元と称し、南宋が崖山《がいざん》の戦に敗れて滅亡した一二七〇年代には、十字軍の遠征が終わり、スコラ哲学の立場から「神学大全」をあらわしたイタリアの哲人トマス・アクィナスが世を去っている。中国でフビライの死後、元王朝の動揺がつづいていた一三一〇年から二〇年にかけては、イタリアではダンテの「神曲」が書かれている。明の成立するころは、いわゆる英仏百年戦争が終りをつげるころであった。なお、明の初期から中期にかけての時代が西ヨーロッパにおけるルネッサンスの時代に当たる。

日本では、この時期のはじめは藤原氏が全盛に向かおうとするころである。源信《げんしん》が「往生要集《おうじようようしゆう》」を撰した九八五年ころは、宋が遼の侵入に苦しんでいたころである。一一三三年、鳥羽上皇の時代には宋の商船がおとずれている。清盛が日宋貿易を行なったのは、ちょうど、南宋のはじめである。一二七四年と八一年の二回にわたる蒙古の来襲が鎌倉幕府に衝撃を与えたのは言うまでもない。明の太祖朱元璋《しゆげんしよう》が即位して、元が漠北に逃れたころは、室町の初期に当たる。

この時代における中国の王朝の交替は、まず、後梁《こうりよう》、後唐、後晋、後漢、後周の五代から始まるが、この五代については新旧二つの「五代史」がある。五代をうけて宋が興るが、宋について「宋史」、その宋を滅した征服王朝の元には「元史」が正史としてのこっている。

宋代は政治史の上では、太宗《たいそう》のはじめた文治政策の結果、前代までの地方分権が改まり、皇帝の独裁政治が確立したものの、官僚の増加によって国家の財政が圧迫されるとともに、一方で軍事力がにわかに低下してしまった。

そこで、国初以来、北西方の民族の建てた国である遼・金・元からつぎつぎと侵攻を受けて、第十代に当る高宗《こうそう》のときには、ついに都を江南の臨安（いまの杭州）に移さざるを得なくなり、これを境に「北宋」・「南宋」の別が生ずる。

宋代の経済社会には、各方面に多くの進歩が見られる。その第一にあげられるのは揚子江のデルタ地帯の農業の発達である。この地方は開発が進むとともに稲作技術が改善され、稲や麦の二毛作が行なわれるようになった。また一般に飲茶の風がひろまるにつれて江南一帯で茶の栽培も盛んになった。産業では絹織物業、窯業《ようぎょう》、製塩業が栄えた。商業組合である「行《こう》」や手工業組合である「作」なども結成されて、この時代は、きわめて華やかな商工業時代となった。海上貿易も盛んで、南海諸国や日本などとの間に行なわれ、広州や泉州には外国商人の居留地が設けられた。

思想界では、宋代になると、久しく沈滞していた儒教の内部に革新の気運が高まった。

これは、唐代までの貴族に代わりこの時代の政治の主な運用者となった士大夫《したいふ》階級の人々が、外民族との対決から強い民族意識を抱くに至るとともに、仏教や道教の浸透に遭遇して深く儒教の危機を自覚したためであった。これら士大夫階級は、唐宋五代の間にしだいに勢力を得て来ていた地方の中小地主層の出身であり、彼らは科挙に合格して官僚となって活躍するとともに、この時代における知識人の中心ともなっていた。

彼らは、漢唐以来の儒教が経典の字句の復整や訓詁をもって学問のすべてであると考えていた観があったのを大いに反省し、これを「修己治《しゅうこち》人《じん》」(己を修め人を治める)の士大夫の学として復活させ、みずから孔孟の教えをただちに継ぐ者となろうと願ったのである。

朱子の「近思録《きんしろく》」に収められている北宋の張横渠《ちょうおうきょ》の「天地のために心を立て、生民《せいみん》のために命を立て、往聖《おうせい》のために絶学を継ぎ、万世のために太平を開く」という言葉は、彼らのこうした気概をよくあらわしている。

かくして、宋代には、まず「正統論」(王朝の正統・非正統を正す論)、「大義名分論」、「尊王攘夷論」など、時事にかかわりのある主張が多くなされ、そのよりどころとして歴史学や春秋学などが興った。孫復《そんぷく》の「春秋尊王発微《はつび》」や欧陽修《おうようしゅう》の「新五代史記」、司馬光《しばこう》の「資治通鑑《しじつがん》」などは、それらを代表する著述である。

儒教の教義ともいうべきものの改革は、いわゆる「宋学の形成」となってあらわれる。その形成の歴史は、ほぼ一〇〇年におよび、北宋の中期の周濂渓《しゅうれんけい》にはじまり、邵《しょ》康節《こうせつ》、張横渠、程明道《ていめいどう》、程伊川《ていいせん》を経て南宋の朱子に至るものである。一般にこれを時代の名をとって宋学といい、あるいは大成者である二程子（程明道・程伊川）や朱子の名をとって程朱学とも朱子学ともよぶが、一方、学の内容に即して、道学《どうがく》、理学、義理学、性理学等の名もつけられている。

このころの宗教界はどうであったろうか。仏教では隋唐仏教を継承して「天台宗」、「律宗」、「禅宗」などが行なわれ、「浄土教」も興って結社念仏としても栄えている。このうち、禅宗は六朝の梁の武帝のとき、達磨《だるま》が伝えたものとされているが、唐代には多くの分派が生まれて非常に盛んとなった。しかし、それが儒教の儀礼と老荘の思想とを融合させて中国的宗教の様相を濃くしたのは、宋代になってからであるといわれている。

このように教理の上ではとくにはげしい変化のない時代ではあったが、このほかには、仏教の行事がしだいに庶民の年中行事の中に入っていったことと、北宋版とも蜀版ともよばれる「大蔵経《だいぞうきょう》」の印刷されていることとが注目されよう。

道教は北宋の真宗《しんそう》や徽宗らの信仰を得て勢力を拡げていった。彼らは仏教の「大蔵経」にならって、このころ「道蔵《どうぞう》」を編纂している。南宋時代になると華北の金王朝の治下で新道教三派なるものが成立している。その一つである「全真教《ぜんしんきょう》」では禅宗の影響が見られ、呪術や仙道がしりぞけられて内省が重んぜられるようになってきている。

文学方面では、中唐の韓愈《かんゆ》によって始められた古文復興運動は宋代に入ってますます隆盛となり、欧陽修、司馬光、王安石《おうあんせき》、蘇軾《そしょく》らが「孟子」など戦国諸子や、司馬遷の「史記」などの発想と文体とを模範として、質朴ながらものびやかで個性のある名文を発表している。詩は唐代にくらべて一層知的になるとともに、その素材をひろげて好んで身辺のことがらや事物を題材とするようになった。「宋詞」の名で知られる「詩余《しよ》」も盛んに作られている。これは妓女の歌う歌曲の詞であるが、これを作ることが、時の読書人たちに、とくに好まれたのであった。

芸術方面では士大夫階級の間にもてはやされた「水墨画」が宋末元初に及んで最盛期を迎え、梁楷《りょうかい》や牧谿《もっけい》などの名作が生まれている。

つぎに明代について概観する。これは紀元一三六八年から一六四四年までであり、その歴史を収めた正史は「明史」である。この間西洋では一四五三年に東ローマがオスマン・トルコに滅ぼされている。一四九二年にコロンブスのアメリカ発見、一四九八年にヴァスコ・ダ・ガマのインド到達がある。中央アジアでは、明と同じころ、この地方一帯の統一をとげたティムール帝国が、一五〇〇年に滅亡している。モンテーニュの「随想録」やシェークスピアの「ハムレット」が書かれたのは、一六世紀の末、明の万暦《まんれき》のころである。明の滅亡のころは、イギリスではクロムウェルのピューリタン革命が進んでいた。

日本では、室町、戦国を経て江戸に入り、ちょうど家光が将軍であったころまでである。室町時代には明との間にいわゆる「勘合符《かんごうふ》」による貿易がある。一五九二年から九七年にかけて行なわれた秀吉の朝鮮出兵のころは、明は万暦《ばんれき》の時代である。なお明はいわゆる「倭寇《わこう》」の侵掠《しんりゃく》に久しく悩まされ、一六二五年には幕府(家光)にこのことを訴えている。

明の太祖は大幅な政治制度の改革を行なったが、従来の行政府である中書省《ちゅうしょしょう》を改めて丞相《じょうしょう》以下の官をやめ、その下の六部《りくぶ》なるものを独立させて天子に直属するものとしたのは、君主独裁権力をさらに強めたものであった。

地方政治では、州県の下に一一〇戸ごとに甲《こう》、一一〇戸ごとに里《り》を置き、それぞれ甲長、里長を設けて民を治めさせるという「里甲《りこう》制」を施いた。万暦年間には、唐末以来の煩雑な税法が改革されて丁賦《ていふ》と地賦《ちふ》とを統合する「一条鞭法《いちじょうべんぽう》」が作られた。

農村では主穀を中心とする自給生産がくずれ、しだいに、綿花や桑などの商業的作物の栽培が盛んになった。また、中期以後には江南地方に農村手工業がますます盛んとなっていった。中期以後、銀の流通とともに、土地が都市に住む官僚や商人の手に集中されるにしたがい、不在地主が多くなり、佃戸《でんこ》（小作人）は、地主の直接の監視をのがれて、商業的作物の栽培や手工業を開始するようになった。このことは佃戸の社会的自覚を高め、明末から清初にかけて各地で行なわれた抗租運動の原動力ともなった。かくして、地主と佃戸との抗争は絶えなかったが、農村からあふれた人口は、このころから禁を犯して南洋に移動し、それが今日の「華僑《かきよう》」のもととなった。

思想の方面では、朱子学が官学となって久しく、太祖もこれを儒教の正統と認めた。成祖《せいそ》は学者に命じて、「永楽《えいらく》の三大全《たいぜん》」といわれる「四書大全」「五経大全」「性理大全」を編纂させた。これらは、朱子の注や道学に関する宋儒の説を集めたものである。これらの書は、明代を通じて科挙を受験する者の必読書となった。

こうしたなかで、明の中期に、はげしく朱子学を批判して、それと異なる学説を唱えたのが陳白沙《ちんはくさ》、王陽明《おうようめい》らである。これが陽明学とよばれ、また、明学とよばれるものである。明代後期になると、この陽明学は朱子学に代わって隆盛となり、明末には李卓吾《りたくご》などによって代表される特異な思想家を生み出している。

学術一般では、薬草の研究を集成した李時珍《りじちん》の「本草綱目《ほんぞうこうもく》」と、農業技術に関する研究書である宋応星《そうおうせい》の「天工開物《てんこうかいぶつ》」などが残され、当時における実用学の進歩を物語っている。

なお、この時代で注目されるのは、明末にマテオ・リッチ（利瑪竇）やウルシス（熊三抜）などのイエズス会の宣教師が渡来して、キリスト教を宣布することに努めたほか、ひろくヨーロッパの哲学・科学の思想を移入したことである。マテオ・リッチが徐光啓《じょこうけい》とともに訳したユークリッド幾何学の前半である「幾何原本《きかげんぽん》」や、ウルシスの「泰西水法《たいせいすいほう》」という水利学の書を収めた同じく徐光啓の「農政全書」などは、今日でも古典的名著とされているが、こうしたヨーロッパの学術は中国人の世界観を一変させる上でしだいに影響を強めてゆく。

明代には、宋元以来の民衆芸術の発展がいちじるしく、詩文よりも、庶民的な小説・戯曲等の通俗文学が栄えた。小説では四大奇書とよばれる「三国志演義《えんぎ》」「水滸伝《すいこでん》」「西遊記《さいゆうき》」「金瓶梅《きんぺいばい》」などがいずれもこの時代に作られている。絵画では南画の流れをくむ文人画が盛んであり、陶磁の染付では明快な色彩で知られる万暦赤絵《あかえ》が生み出されている。

二　宋代の儒学

1　宋学の特質

宋学の特質の第一は、「道統《どうとう》」が強調されていることである。この道統というのは、さきにもふれたように唐の韓愈などによっても説かれたもので、先王の道は、堯《ぎょう》―舜《しゅん》―湯―文王―孔子―孟子へと連綿として継承されてきたとし、その伝統を守ってゆくことがとくに重要なことだとする思想である。韓愈が「原道《げんどう》」のなかで、自分こそは、孟子以来の道を復活させる者だという考え方を示しているが、こうした考え方は、宋代に至って程伊川《ていいせん》にひきつがれた。彼は、兄の程明道《ていめいどう》をもって、孟子の後の道統を継ぐ者であると称している。これが一つの観念として確立したのは朱子によってであるが、宋学はこの観念を基礎にしているので、道学ともいわれるのである。なお、道統の観念が形成されるに当たって、仏教の「法灯《ほうとう》」という考え方が意識されたであろうことは想像に難くない。
朱子の唱えた孔子以後の道統は、
孔子—曾子《そうし》—子思《しし》—孟子—程明道—程伊川—朱子
のようになっている。彼自身はこの「道の伝授」を非常に重視しているが、しかし、彼の没後は、宋学においても、あまり道統ということが言われなくなる傾向がある。
特質の第二は、「理気説《りきせつ》」という一種の形而上学に根拠を置いていることである。この理気説は、主として、宇宙論と人性論とに用いられているものであるが、朱子の説によればつぎのようなものである。
宇宙は理と気の二つから成る。そうして、理は気の本源である。何となれば、理が動いて気にはたらきかけたときに陽気が生じ、理が静まったときに陰気が生ずるからである。この陰陽二気の変化こそは万物を作っているものである。こう見てくると、理は気に合して万物の中に——宋学では万物という意味でよく事々物々《じじぶつぶつ》という語が用いられるが——分れて存在していることになる。これが、「理一分殊説《りいつぶんしゅせつ》」といわれるものであるが、その場合、理は一物でなく無状無形であり、それ故に、万物の本源となりうるものと考えられるので、「無極《むきょく》」とも「太極《たいきょく》」ともよばれることになる。
ところで、人性——人の本性——もまたこの理気の二つから成り立っている。このうち、理は人が生をうける以前に宇宙に普遍的に存在しているものであり、気は生をうけるとともに人に附与されるものである。そこで、理は本来の性という意味で、「本然《ほんねん》の性《せい》」または「天地の性」ともよばれる。それは、本質的に善なるものであり、そのうちには、『孟子』の言う仁義礼智が具備されている。一方、気は、これと異なり、清明なる気と混濁した気との別がある。それが人の性に善悪の生ずる基である。すなわち、人に清明なる気が附与されれば、理のはたらきは妨げられず、性は善にして人は理のままに思慮し行動することができる。聖人の場合は、まさに、これである。しかし、もし混濁した気が附与されると、そこには人欲が生じ、理のはたらきが妨げられることになる。こういう場合を「気質の性」と名づけるが、常人は、まさにこの状態にある。

しかし、この気質の性のなかにも、もちろん「本然の性」が存在しているのであるから、気によってひき起こされた欲を排除すれば、当然、「本然の性」に立ちかえることができる。これが、「気質の変化」であり、「復性」である。

以上が朱子の説く宇宙論と人性論とのあらましであるが、朱子においてどのようにしてこの宇宙論と人性論とが結びつくのかは、はっきりとしない。おそらく、朱子は、その人性論の前提として、その宇宙論を構想したのであろうが、両者の関係は、論理的には、きわめてあいまいであることを免れない。

すなわち、宇宙における理気の交感は、万物に殊別を生ぜしめるものであるが、その殊別は、いわゆる万物の変化であり、そこには道徳的・価値的な意味での善悪はないはずである。それなのに、人性における気にはそのような善悪の別が設けられているからである。

この理気説は、周濂溪《しゅうれんけい》以来、さまざまに継承発展されてきた宋学の理論を朱子が集大成したものであるが、その間には、仏教や道家の思想に由来することの歴然としているものがいくつか見いだされる。

たとえば、万物の本源に理を設定し、それが、あるはたらきをするものだとしたのは、仏教の「理事《りじ》の説」から出ており、太極や無極という考え方は、道家の思想で易の解釈を試みた六朝時代の学者の説に関連があることなどがそれである。また、聖人の性が理のままであるというのは、「中庸」に由来することであろうが、その淵源は、天理と人欲を対称させ、人に天理があり、人はそこに立ちもどらなければならないとした道家の説にあると考えられる。

ただ、ここで注意されるのは、聖人も常人も、ともに「本然の性」をもち、常人も気質の変化によって、そこに立ちもどることができるとしたことである。これは、言いかえれば、「人はみな聖人になれるのだ」という宣言である。

それでは、どうすれば気質の変化が起こるのか。ここに人性論は一転して実践道徳の問題に移ることになる。いま、この問題を同じく朱子の説に即して説明するとつぎのようになる。

気質を変化させるには二つの方法がある。その一は、「存養《そんよう》」であり、その二は「窮理《きゅうり》」である。

では、存養とは何か。この語は「孟子」にある「存心養性《そんしんようせい》」（心を存し性を養う）に基くものである。本然の性によって占められた心の本体は、本来、明鏡のようにくもりのないものである。それは道徳的価値に置きかえれば、「誠」であり「敬」である。ここに気質の性が加わり、人欲によってそれが乱されると、本然の性は失われる。したがって、人は、つねに心を存して性を養わねばならない。この修養の工夫（努力）がすなわち存養である。程伊川はこれを「居敬《きょけい》」といったが、一般には、これを「涵《かん》養《よう》」とも「操存」ともいっている。

ところで、存養のためには、心を乱さないことが大切であり、雑念の入らぬようにすることが大事である。つまり心を「定静《ていせい》」にすることが求められる。程伊川は、これを「主一無適《しゅいつむてき》」といった。すなわち、心を定静（一）に保って（主）、どこにもゆ

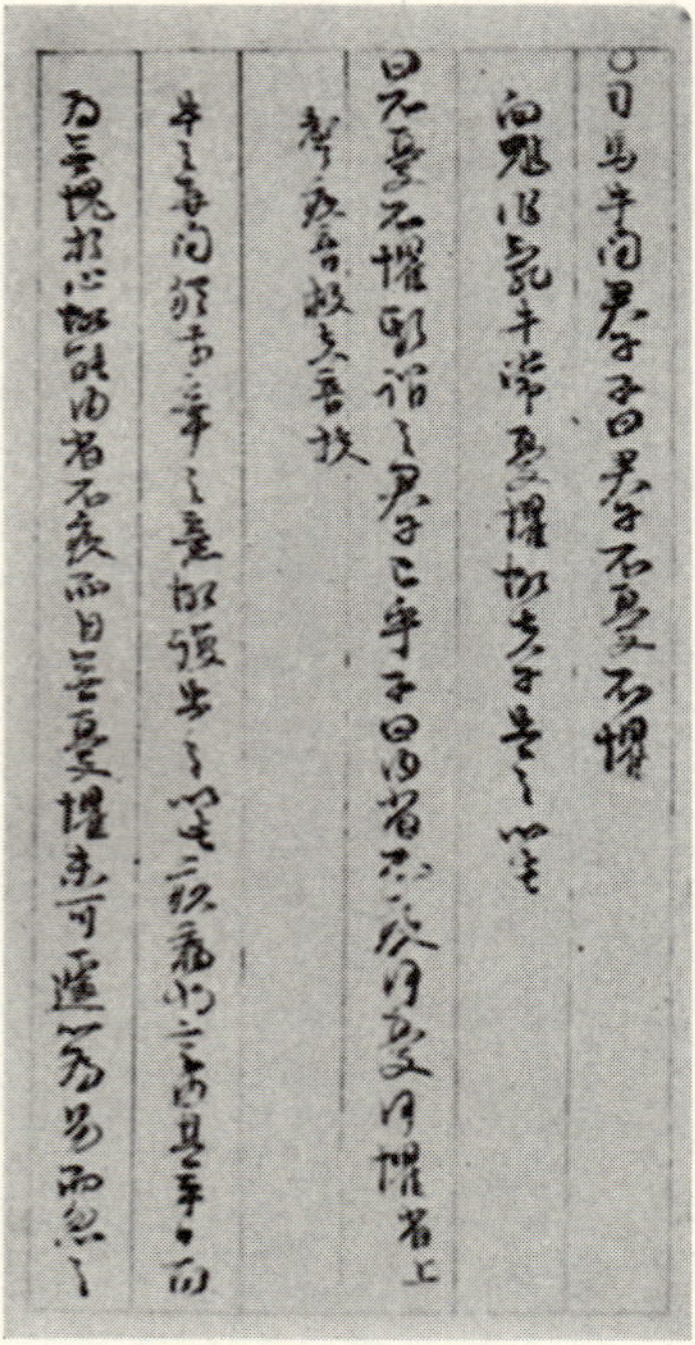
「論語集注」（朱熹草稿）

かせない（無適）の意である。この目的をとげるためには心の錬磨が必要である。そうしてこの錬磨のためには「静座」という修行をするのが有効なことであると説かれている。

つぎに窮理とは、理を窮めることである。これはまた「窮理尽性《きゅうりじんせい》」（理を窮め性を尽くす）ともいうが、さきにものべたように、人にそなわっている理は、万物すなわち事々物々にもそれぞれにそなわっている。そこで、この事物にそなわる理を窮めていけば、それは、おのずから、わが心の内なる理を知り、わが心の内なる本然の性を自覚することになる。程伊川は「一草一木、皆、理あり、すべからく、これ、察すべし」といった。いいかえると、ある物について、一分の理を窮めれば、すなわち、わが知もまた一分増すのである。「大学」にある「致《スハ》レ知《ヲ》在《リ》レ格《いたルニ》レ物《ニ》」というのは、とりもなおさず、このことである。

以上が気質の変化についての朱子の説と思われるもののあらましであるが、最後の「致知在格物」の説は、いわゆる「格物致知論《かくぶつちちろん》」として知られるものである。ところで、格物の方法は何かといえば、それは読書である。聖賢の書である古典を読むことである。しかも、一字一句ゆるがせにせず、丹念に読むことである。そうして、そこにある道義をあきらかにしてゆくことである。

世間では、この存養と窮理とについて、前者は主観的に真理を探究し、後者は客観的に真理を探究するのだと説明し、両者が相応ずるものだとしていることが多いが、その相応ずる関係については朱子は何も言っていない。また、その関係は、論理的にもよくはわからない。

宋学の特質の第三は、儒家の典籍のうちで、とくに「四書」を重視したことである。「四書」とは言うまでもなく、「大学」「中庸」「論語」「孟子」の総称であり、単に、

「学庸論孟」ともよばれる。このうち、「大学」と「中庸」とは、もともと、それぞれ「礼記《らいき》」の一篇であった。「四書」は宋学の初期のころの人々以来、尊信されてきているが、とくに、朱子はこれを重んじた。彼は、「大学」は曾子の学を伝えるものであるとし、「中庸」は子思の作であるとして、これを「論孟」に配し、この「四書」によって孔子─曾子─子思─孟子と伝えられてきた道統がうかがえると考えた。そうして、「四書」こそは、「五経《ごきょう》」に先んじて読まれるべきであり、諸書のうちでもっとも重んぜられるべきものだと説いた。彼は、この見地から、これらの書物の注釈を志した。こうして、ほとんど一生の努力を費したと伝えられる「四書集注《ししっちゅう》」が著わされることとなった。なお、「四書」の名は、これによっておこったという。

「四書」のうち、実践道徳を説くに当たっては、とくに、「大学」が重視された。彼は、「大学」全体の意味は、その第一章に尽きていると考え、これを原理化して、「三綱領・八条目」というものに区分し、初学の者が道徳を実践する方向と階程とを説明した。それはつぎの通りである。

三綱領　一、明徳《めいとく》を明らかにする

　　　　二、民をあらたにする

三、至善《しぜん》に止まる

八条目　一、格物　二、致知　三、誠意　四、正心《せいしん》　五、修身　六、斉家《せいか》　七、治国　八、平天下《へいてんか》

三綱領の第一の明徳を明らかにするというのは、本然の性を知ることである。第二の新民というのは、すでに明徳を得た自分を他に及ぼし、民を改め世をあらたにしてゆくことである。第三の至善にとどまるとは、右の二項を実現するためになすべきことをなすことをいう。ところで、この三綱領は実践道徳の根本となるものであるけれども、これを行なうには八条目によらねばならず、この八条目は一から八まで順序をふんで実行されねばならない。そこで八条目がかかげられるのであるが、これらは一言でいえば、「修己治人《しゅうこちじん》」ということにほかならない。

2　宋学の意義

宋学の大成者である朱子は名を熹《き》といい、字を元晦《げんかい》、のちに改めて仲晦《ちゅうかい》という。徽《き》州婺源《ぼうげん》県の人である。この婺源県は、晋のころに新安郡であったので、朱子みずから

は新安の人と記している。南宋の高宗《こう》のときに生まれ、寧宗《ねい》の慶元《けいげん》六年（一二〇〇）に七一歳で卒している。文と諡《おくりな》されたので「朱文公」という。その著述を収めたものには、「朱子大全集」「朱子語類」「朱子文集」などがある。また、「近思録《きんしろく》」は呂祖謙《りよそけん》との共撰で、宋学を形成してきた周濂渓《しゆうれんけい》、程明道、程伊川、張横渠《ちようおうきよ》四人の言葉を選び、それを、道体、為学《いがく》、致知、存養、克己《こつき》、家道《かどう》、出処、治体《ちたい》、治法、政事、教学、警戒、弁異端、歓聖賢の一四部門に分け、宋学に志す人の学習の便に供したものである。

このほかには、初学の人々のために編まれたものに「小学《しようがく》」がある。これは朱子の門人の劉子澄《りゆうしちよう》が朱子の指導の下に綴ったものを、朱子がみずから校定して世に出した書である。内外二篇から成り、内篇は立教、明倫《めいりん》、敬身、稽古の四つに分れ、外篇は嘉言、善行の二つに分れている。この二書は、「四書」とともに朱子学理解の必読書として、朱子学全盛期を通じて、ひろく読まれたものである。

朱子の父は名を松《しよう》といい、地方官であったが詩をもって世に知られていた。朱子も多くの詩を残しており、とくに五言古詩に秀でていたとされる。文章家としても高く評価されており、詩文集は一二一巻の多きに及んでいる。

父は朱子の一四歳のときに世を去った。朱子は幼いころから聡明かつ多感であり、五、六歳のとき、「天体は一体どうなっているものなのか、その天体の外面には何があるのか」という懐疑を抱いて苦悩したという。また、一〇歳のとき、「孟子」を読み、「聖人も我も類を同じくする者だ」という文に出会って、狂喜したともいう。これらは、後人が彼の伝を記した「朱子行状」「朱子年譜」等によって知ることができる。

朱子は一九歳で進士に合格し、のち、しばしば上書《じょうしょ》して時事を論じた。北方の女真《じょしん》族の建てた金《きん》の圧迫によって、宋朝がしきりに屈辱的な講和を強いられていたころである。しかし、彼の意見は、あまり用いられることなく、彼は多く地方官を歴任した。

五〇歳のときに江西省の南康府《なんこうふ》の知事となったが、そこで、「白鹿洞書院《はくろくどうしょいん》」というものを復興し学規を定めている。白鹿洞というのは、唐の初めの賢士として知られた李渤《りぼつ》の旧居の処であり、白鹿を養ったのでその名がある。彼の定めた学規は、本来、「白鹿洞書院掲示」といわれるものであり、学徒の執るべき道とその順序とを講述したもので、簡単なものながら、よく朱子学の要点を尽している。

晩年に召されて待制院侍講《たいせいいんじこう》となったが、間もなく上疏《じょうそ》して退けられ、みずから遯翁《とんおう》(遯は、のがれるの意)と号して隠退した。彼は、福建の崇安《すうあん》にいたころ、「紫陽《しよう》書室」を建て、また、建陽の考亭《こうてい》にも「考亭書院」というものを築き、学を講ずるところとした。早くから、彼に就いて学ぶ者はきわめて多く、声望もまた高かった。これらの門人の中では、ことに朱子の愛重《あいちょう》をうけた黄榦《こうかん》や、朱子の意を体して「書経集伝」を書いた蔡沈《さいしん》らが著名である。

朱子学の成立は、さきにも述べたように、周濂溪以来一〇〇年におよぶ諸学説の集積によるものである。具体的には、その宇宙論は主として周濂溪の「太極図説《たいきょくずせつ》」に基づき、その人性論は二程子に由来している。

これらの学者たちが、この学の形成に非常な情熱と努力とを傾けたのは、彼らの内に秘められた儒教革新への使命観である。

すなわち、知識階級の者たちが、みずからの社会的責務を自覚したとき、そこに「修己治人」という士大夫の学としての宋学が生まれたのだと言ってよいだろう。それは、文字の意味を穿鑿《せんさく》することに腐心していた漢唐の訓詁学にくらべれば、はるかに活力に満ちたものであった。また、為政者のために政治の在り方を説いていた上代の儒学にくらべれば、より切実に、「われ、何をなすべきか」を問題にしていた。

宋代において、士大夫たちは、もっとも有力な官僚予備軍であり、最高の知識層であった。「聖人は学んで至るべし」、人は皆、聖人になれるのだという言葉は、まさに時代の子としての彼らの自信を物語っている。

宋学が従来の儒学と異なるところは、為政者のための政治論であり知識人のための日常の規範に尽きるものであった旧学に、宇宙・人性を一貫する理論と体系とを与えたことであった。これは博大にして整然たる教理と体系とをもち、それ故に強い説得力と社会的浸透力とを備えていた仏教や、それにならって勢力を拡大してきた道教を明確に意識し、これらに対抗しようとしたものであった。そこにそれらから摂取された観念と形式とがあることは、すでに述べたところである。

宋学の人性論から必然的に生まれた克己的な人生態度は、士大夫の精神に強烈な道義観を植えつけた。彼らの間には、きびしく己を律し、ひたむきに民治《みんち》にはげむ独得の気節が見られた。歴史家はこれを宋代の士風と呼んでいる。宋の滅亡に当たって慨《がい》然《ぜん》として節義に殉じた文天祥《ぶんてんしょう》や謝畳山《しゃじょうざん》などはその典型であろう。

後代、一世を風靡《ふうび》する朱子学は、発足当時必ずしも、順調な道をたどったわけではない。すなわち、朱子の晩年、慶元二年（一一九六）には、朝廷で偽学《ぎがく》の禁があり、朱子を党首と目して大いに迫害が加えられた。これが「慶元の党禍《とうか》」といわれるものである。このため、門人の中の怯懦《きょうだ》な者は、彼を去って他の師に就いたり、彼の弟子でないことを世間に認めてもらおうとして、見苦しいことをしたりする者もあったという。慶元六年に彼が死んで、その学は一時衰えたが、やがてその学を奉ずる真徳秀《しんとくしゅう》、魏了翁《ぎりょうおう》らが廟堂《びょうどう》に立つに及んで復興を計り、嘉定《かてい》四年（一二一一）にその禁ははじめて解かれるに至る。元代に入ると、朱子学はしだいに隆盛に向かい、科挙の科目にも採用され、ついで明代には、国初にいちはやく官学と定められてようやく盛行の気運が生じたのである。

このようにして、その後の思想界では、朱子学は権威化してゆくが、それにつれてそれへの批判もおこってくる。思想史上でその最たるものは、明代の陽明学と清代の考証学からのものであるが、それらについては、それぞれのところで記すことにして、ここでは、より一般的問題として、朱子学の学としての難点について述べてみよう。

第一の難点は、修学の手段の一つである存養《そんよう》にある。

存養とは、欲望を否定することで成り立つものであるが、欲望はつねに生起するものであるから、これを否定しつづけるためには、念々刻々、一瞬たりとも油断することはできない。つまり、緊張の持続という非常に厳粛で克己的な人生態度をとらなくてはならない。これがその学徒に強い道義の観念を与えたことは、すでに述べたが、これが又一面、人にきわめて堅苦しい人間ばなれをした生き方を強いるものともなる。これが朱子学が厳粛主義と言われ、リゴリズムと評されるゆえんである。

では、このようなきびしい人生態度に終始していれば、いつかは、ほんとうに欲望の根絶される日が来るのであろうか。おそらく、それは何人も答えられないことであろう。そこで、宋学は、人に難きを強いるものだという非難が生まれる。清初の反朱子学の人々が朱子学にむけた攻撃の一つはこれである。

また、欲望の否定は、同時に人間性の無視、人情の否定ではないかという疑問も投げかけられる。そうして現実に欲望を否定しつづける人の態度には、時として滑稽さと偽善性とがつきまとうことがある。朱子学の徒に対して、世間で嘲笑的に用いられる「道学先生」という語はそういう響をもっている。このようなことも一因と思われるが、朱子の後学たちの間では、存養を論ずるよりも、修学のいま一つの手段である窮理を重んずる傾向が見られてくるのである。

第二の難点は、論理の構築があいまいであり、恣意的であることである。

これについては、その宇宙論と人性論とが十分には連関せず、その間の論理は不問に附されている趣きのあることや、人性論における存養と窮理との関連にもまた同様のことがあることなど、すでに述べた通りであるが、ほかにも、その立論の根拠を、必ずしもつながりのない書物から任意に集めている点などがあげられる。すなわち、「大学」や「中庸」はその理論形成の上で根本的な役割を果しているものであるが、本来は、「礼記」の中の一篇にすぎないものであった。しかるに、朱子はそれらの章句を利用しようという観点から、あえて、それらを曾子や子思の名とむすびつけ、そこに道統の観念を附与して権威づけを行なっている。そのほか、経書の注に反映している朱子の見解も、時としてきわめて恣意的で、原文にはもともと含まれていない意味を含ませてそれらを宋学の論理にひきつけようとしている点もある。これが、朱子が武断と言われ、その学が孔孟の古義に忠実でないとされる理由である。

朱子の後学に存養よりも窮理に向かう傾きのあったことは、右に記したが、朱子自身にも、窮理をより重んじようとした気配がなくはない。その門下には、大いに窮理をすすめて、つぎのように言っている例がある。

学をなすの道は、窮理より先なるはなし。窮理の要は、まさに読書にあり。天下の理を窮めんとせば、経訓《けいくん》史冊《しさつ》につきて、もって、これを求めざれば、すなわち、これまさに牆面《しょうめん》にして立つのみ。

つまり、窮理はまず読書によって達せられる。その読書は経典や史書についてのものである。もし、この読書の道によらなければ、人は壁に向かって立っているようなもので、一歩も進むことはできないという意見である。そこで朱子学では読書が重んぜられ博学が大いに尊ばれた。朱子も率先して精力的に各種の経典の注釈を行なった。彼は、非常に博学で、天文、暦算、地理、法制から、仏教、老荘に及ぶまで精通しないものはなかったという。

彼およびその門人が宋学の立場から、旧来の注を廃してあらたに「四書・五経」などにつけた注は「新注」とよばれ、これに対して旧来の注や疏は「古注」とよばれている。朱子学盛行の時代には、四書五経はほとんどこの新注で学ばれるようになり、やがて、それらは経学の世界におけるあらたな権威として世に臨むこととなった。

朱子には、さきにあげたような恣意と武断とが伴う点があるものの、その学は今日から見れば、やはり中国の学術研究史上に、従来にない新鮮な着想と周到な方法とを導入しており、それが斯界の進歩に貢献したところは大きい。後におこった清朝の考証学は反朱子学を旗印にしたものであるけれども、考証学の研究法が朱子の伝統に負うことの多いのは否定できないところである。

また、朱子学における読書の奨励と好学の気風とは、朱子学の行なわれるところに、ひろく文字に親しみ書物から知識を学ぶ習慣をもたらした。そうして、それが文化史上に果した功績は決して小さくはない。

三　明学の推移

1　王陽明の学説

朱子の同時代人で朱子の説と対峙した人に陸象山《りくしょうざん》がいる。彼は名を九淵《きゅうえん》、字を子静《しせい》といった。江西金溪《きんけい》の人である。彼が鵝湖《がこ》というところで朱子と会見して、その学ぶところを論弁したという話は、史上、「鵝湖の会《かい》」として有名である。

彼の主張は「心即理」という言葉であらわされるが、要するに宇宙の本体である理もまたわが心によって知られるものであるから宇宙の本《もと》はわが心に外ならぬというものである。したがって、彼は読書や学問よりも、内省を重んじ、静座によって主観的・直覚的に真理を求めようとした者である。

明代に入ってから、新会《しんかい》の白沙里《はくさり》に生まれた陳白沙《ちんはくさ》の学もこれに近いものだとされている。王陽明《おうようめい》の学は、これらの人々の説をついでいる点があるとし、とくに陸象山との関係を考える立場から、「陸王の学」ともよばれる。

王陽明は名を守仁《しゅじん》、字を伯安《はくあん》といい、浙江省の余姚《よよう》の人である。明の憲宗のころに生まれ、世《せい》宗の嘉靖《かせい》八年（一五二九）に五七歳で没した。文成《ぶんせい》と諡《おくりな》されたので「王文成公」ともいう。陽明の号は弘治《こうち》一六年（一五〇二）に会稽《かいけい》の宛委山《えんいざん》にある陽明洞に室を築いたことによる。

著述は「王文成公全書」三八巻に収められている。ほかに詩文集があり、また、その語録として「伝習録《でんしゅうろく》」がある。これは門人の徐愛《じょあい》の撰したものである。

父は華《か》といい、進士に合格し、官は南京吏部尚書《りぶしょうしょ》に至った。

彼は弘治一二年（一四九九）に二八歳で進士となったが、その意見が宦者劉瑾《かんじゃりゅうきん》の忌《い》むところとなって、貴州の龍場《りゅうじょう》に流されている。ここは苗族《びょうぞく》の住む未開の山中で、猛獣や毒蛇の多い所であった。ここで彼は都市において経験することのできない地方住民の生活を身をもって経験するとともに、石室を作ってこのなかで日夜静坐して瞑想《めいそう》し、必死になって心の鍛錬をしたという。

劉瑾が誅《ちゅう》せられるとともに中央に復帰し、いくつかの官を経て、正徳《せいとく》一三年（一五一八）には巡《じゅん》撫となって江西・福建の反乱を平定し、乱の首謀者を捕えて軍事家として知られる一方、「保甲法《ほこうほう》」（甲を単位とする自衛組織）、「郷約《きょうやく》」（郷民教化のための儀礼と組織）を実施して行政家としても名をうたわれた。

履歴と同じく学問上の遍歴も多彩である。

進士及第まで任侠・兵法・詩文・道教・禅につぎつぎにひかれていったといい、これをふつう「五溺《でき》」と呼ぶ。

学説の根本を樹立したのは、三五歳、龍場にいたときのことであるというが、それまでの志向の移り変わりについては、また別に、「学の三変」ということがいわれている。すなわち、若年のときは「辞章に耽《ふけ》り」、のち、「仏老に出入し」やがて翻然と悟って「儒に帰した」とするものである。

その後の学説の変化について「教の三変」といい、知《ち》行合一《こうごういつ》―静坐―致良知《ちりょうち》というふうに道徳説の中心が移っていったとされている。

若いころの逸話としては、一二歳のころに塾の師に、「修学の目的は何か」と問うたところ、師が、「読書をして試験に合格することだ」と言ったのに対し、彼は納得せず、「おそらく聖賢となることを第一にすべきではなかろうか」と述べたという話や、二一歳のころ、朱子の説に、格物《かくぶつ》とは事々物々のなかにある理に至ることだとあるのを実際に試みようとして、たまたま寓居に竹が多かったので、この竹に面して一心不乱に「格物」に努力したが、ついに功を奏せず、「聖賢分《ぶん》あり」（聖賢になれる人となれない人とはいるものだ。常人がなろうとしてもなれるものではない）と悟り、ついに辞章の学に就いたという話などがあるが、真偽のほどは不明である。

その学説は大要つぎのようなものである。

人の心を理と気の二つから成り立つとし、その心の本体を理とし、この理を存養し、あるいは、窮めてゆくことが、人生ないし学問の目的だとした点では王陽明も朱子と変わらない。

ただ、理を窮めること、つまり窮理についての見解に王陽明の特色がある。それは、一般に「致良知説」といわれるものであり、その基礎として、「心即理」の説がある。すなわち、朱子が「窮理尽性《きゅうりじんせい》」を説くに当たって、「格物致知」ということを言い、宇宙間の万物には理が存しているのであるから、それら客観の事物に即して一つ一つ理を窮めてゆけば、主観の知は充実してゆくと唱えたのに対し、王陽明は、「（心には）衆理そなはりて万事出づ」「物理は吾が心に外ならず、吾が心を外にして物理を求むれば物理なし」「心外理なく、心外事なし」と主張し、窮理は万物――事々物々についてすべきでなく、ただ心についてすべきであるとした。これが「心即理」（心はすなわち理である）の説である。さて、さらに彼は、この人の心なるものには、先天的に理を直覚する作用が存在しているとし、それを「孟子」の文中にある語からとって、「良知《りょうち》」となづけた。そこで彼はいう。「心の本体はすなわち天理也。天理の昭明霊覚はいわゆる良知なり」と。

つぎに、この良知を十分に発揮させる方法としていわれているのが「格物」である。この格物は朱子の用いたのと同じ語であるけれども、その解釈がことなる。朱子は「物に格《いた》る」と解したが、王陽明は「物を格《ただ》す」と解する。また、物も、朱子の場合は万物であるが、王陽明の場合は、心を触発する出来事である。すなわち、王陽明の格物とは、人間の日常において、心にかかってくるさまざまな出来事の一つ一つについて、正不正を正し、つねに毅然として悪をしりぞけて善に就くようにすることなのである。そうして、そのように日常の一つ一つのことに当って心を正してゆくならば、心はやがてその本来にそなわる良知のかがやきに満たされることになる。これが「致《ち》良知《りょうち》」(良知を致す)である。

王陽明の「致良知の説」は、朱子の「格物致知論」と同じく、「大学」の「致知在格物」という五文字に基くものであるが、結果としては、このように違ってきている。

かくして、朱子の窮理は主として読書であったが、王陽明の窮理は、もっぱら、実践躬行《きゅうこう》の道、自己鍛錬の手段であった。そうしてその鍛錬は「事上磨錬《じじょうまれん》」とよばれている。人にとって、一挙一動一応一接、いずれも事上磨錬の場であり、致良知の機会であるというのが王陽明の説である。

このようなわけで、陽明学では単なる聞見《ぶんけん》や読書による知識は真の知識ではない。真の知識は、実際にその事を行なった後に始めて生ずる。したがって、「知」と「行」は別物ではない。王陽明の言葉によれば、「知は是れ行の始、行は是れ知の成」であり、「知」と「行」とは、合一して始めて完全となる。これが、「知行合一」ということであり、陽明学でもっとも重要となっている事柄である。

そこで、陽明学では、知と行との分離をもっとも警戒する。そうして、人がある事を行なうに当たって、その事につき明察を怠ったならば、その行は、「冥行《めいこう》」(でたらめな行動)として軽蔑される。また、仮にその行が結果として偶然的に善であっても、真の善ではないとする。

ある事を知るに当たって、その知識が不徹底な場合は、これを「妄想《もうそう》」と名づけて排除する。陽明学では、いかに思うかは、同時に、いかに行動するかでなくてはならない。つまり、思うことは、すでに行なうことである。そうして、もし、思いのうちに不善なるものがあれば、それはその場で、断然、滅却してしまわなければならないとする。

このように見てくると、陽明学には朱子学に劣らぬきびしい倫理主義の側面があると言える。また陽明学では、人の心に「良知」の存するかぎり、すべての人は四民の別なく平等だと考えるが、これは朱子学が、理の内在するかぎり、人はみな聖人になれるとしたのと同じである。

ただ、陽明学では、心即理という立場から、良知をもっぱら心に基くものとするので、人の「心」そのものが全体として重視され、やがて、心の内から発する欲望も必ずしも悪でないとする観念が生まれる可能性をもっていた。

以上が、王陽明の学説のあらましであるが、陽明学は王陽明の学という意味で「王学」ともいわれる。また、彼の生地にちなんで「余姚学《よよう》」「姚江学《ようこう》」ともいい、流行した時代の名をとって「明学」ともいう。別にその源が宋の陸象山から出ているとして「陸王の学」ということは、すでに述べたが、ほかにも、「良知の学」「心学」の名がある。「心学」の名は、王陽明自身も用いている。

2 陽明学の展開

王陽明の学統をつぐ者は非常に多く、その分類の仕方も、黄宗羲《こうそうぎ》の「明儒学案《みんじゅがくあん》」のように地方区画に従ってするものなどがあるが、ふつう行なわれているのは、これを思想の傾向によって、左右の二派に分ける方法である。

右派は陽明正統派とよばれ、左派は新陽明派又は「王学左派」とよばれる。前者は、陽明学のもつきびしい倫理主義を継承し、後者は、良知の内在する心のはたらきを重視し、それを拡張して心の内なる欲望をも肯定する立場をとるものである。

前者、すなわち、右派に属する人々には、銭緒山《せんちよざん》、鄒東廓《すうとうかく》、季彭山《きほうざん》、羅念庵《らねんあん》らがある。彼らの主張には、陽明学に対する朱子学側からの攻撃や明王朝からの弾圧とからみ、それを避けようとして、「心」よりもむしろ「理」を重んじてゆく傾向があった。季彭山が陽明学の立場からいろいろな経書に注釈を施したり、羅念庵が静坐によって心を無欲の状態にすべきことを強調したのなどがそれである。

このうち羅念庵の立場は、良知は人の努力で明らかにすべきものだとするところにあり、これは、王陽明の後学たちの多くが、人の心には善悪を知る良知があり、それを信頼して自由に行動してよいとしたのに反対したものである。彼は名を洪先《こうせん》、字を達夫《たつぷ》といい、江西省の吉水《きつすい》の人である。王陽明には直接の教えは受けなかったが、「伝習録」によって啓発され、みずから王陽明の後学と称した。著書に「念庵集」がある。

後者、すなわちいわゆる王学左派に属する人々には、王龍溪《おうりようけい》、王心斎《おうしんさい》、顔均らがあり、さらに下っては羅近渓《らきんけい》、李卓吾《りたくご》らがある。

王龍渓は名は畿《き》、字は汝中《じょちゅう》、浙江省山陰の人である。同門の銭緒山と論争し、人間の意欲は本来無善無悪だと主張した話は「天泉証道《てんせんしょうどう》」の問答として名高い。著書に「王龍渓全集」があり、その学説は王学左派の先駆をなすものである。

彼はすべての作為をきらい自然を重んじ、とりわけ朱子学的な理を排除したが、そのあらわれが「現成良知《げんせいりょうち》」の説である。彼によれば、良知はもはや人欲を絶つことによってもたらされるものでなく、すでに心のうちに現成（でき上がっていること）しているものだとされる。

そうして、この良知の必然の意志として人の行動があるのだと唱えたのである。王心斎は名を艮《こん》、字を汝止《じょし》といい、江蘇省泰州《たいしゅう》の人である。塩田の人夫頭だったとされる彼の門下には小農、樵夫、陶工なども多くいたという。門弟の数は王龍渓に匹敵したといわれ、王学左派の先駆として、王龍渓とともに「二王」と称される。また彼の学派をその出身地に因んで「泰州学派」とよぶ。

彼の学説は、「淮南格物《わいなんかくぶつ》」と言われるものであるが、それは、身と天下国家は一物であり、身は本、天下国家は末で、みずからの眼で天下国家を判断するのが格物だとしたものである。これはいわば社会における個人の主体性を論じたものであり、個人の意欲を肯定し尊重する傾向のあらわれである。

羅近溪は王心斎の門流である顔均の弟子である。彼は、人の性は明珠のごとくけがれなきものであると規定し、性に任せるのが道であり、この性を抑圧する先儒の教えは道の害物であると唱えている。

以上のごとく王学左派において顕在化してきた人欲肯定の傾向をさらに発展させ、それを大胆に主張したのが李卓吾である。

李卓吾は名を贄《し》といい、福建省の晋江《しんこう》の人である。このあたりは海上貿易の盛んなところであるが、そのために回教徒が多く、彼もまた回教徒の出身であるといわれている。

彼は雲南省の姚安《ようあん》の知府という役を最後に官を罷《や》めたが、その後は湖北省の仏寺にあって、評論や著述を通じて活動している。

その主張として知られるものには、「童心説」と、「経史《けいし》一物《いちぶつ》」の説とがある。

童心説とは、世の中で一番価値があるのは、にごりのない童児の心であって、読書や聞見によって得られた知恵は、これにくらべれば価値の劣るものだとする説である。ここでは、王陽明の説いた「心即理」の理はほとんど意味がなくなってしまっていて、「心即善」ともいうべき立場が示され、人欲はそのまま肯定されていると言える。

経史一物というのは、経典に特別な価値を認めることを否定し、「六経《りくけい》はみな史書である」として、これを史書と同列に置こうとするものである。

彼はまた同じような立場から、道は各時代に応じて変化するものであり、「今」と「古」とはそれぞれに等しい価値をもっていると述べた。これは儒教の権威をむなしいものとする意見である。かくして彼は、「西廂記《せいそうき》」や「水滸伝」のような白話《はくわ》（口語）で書かれた文学作品も、古今の経史の書とならんで読まれるべきものであるとしており、みずからこれらについての批評本さえも作っている。

このような既成の権威へのはげしい批判が災して、彼は捕えられ、その七六歳の生涯を獄中の自殺をもって終わっている。

彼の主張のなかには、以上のほかに、秦の始皇帝を千古の名君としたり、男女の平等を説いたりしたものなどもあった。著書には「焚書《ふんしよ》」六巻、「蔵書」六八巻がある。

王陽明没後、前後九〇年にわたった王学左派の運動は、彼の死によって終止符を打たれている。彼らの主張は道徳を混乱させ、秩序に挑戦したものだとして「心学の横《おう》流《りゆう》」とよばれて指弾されて来た。彼らはしばしば「狂」の名を附せられた。明史も王心斎を評して「艮《こん》はもとより狂士」といっている。李卓吾のごときも、放縦無恥の極まれるものだとされていた。

李卓吾の著書は世に出すことが禁じられていたため、清代になってからは、ほとんど忘れられていた。その人と書物とがにわかに注目をあびるようになったのは、近代になってからである。

彼らの中には個人的に狂の要素をもち、思想面は別として、日常の振舞において、たしかに異常であるとされねばならぬ点のあった人もいたであろう。伝の記すところによれば李卓吾などにもそうした点があったようである。

けれども、彼らが宋学の中で、「気質の性」として極度に抑圧されていた人間の自然の情を解放することをはげしく推進したことは意味のあることであった。これは学問や知識が、既成の秩序のうちに安住する士大夫《したいふ》たちだけのものでなく、貨幣経済の普及などによって台頭してきたもっと幅広い階層へとひろがってゆきつつある明末という時代の趨勢でもあったろう。

王学左派の運動に並行するのが明末における民衆芸術の流行である。

詩文の世界でも特異の文人として袁中郎《えんちゅうろう》、唐伯虎《はくこ》などが登場する。

袁中郎は李贄《りし》の門に学んだ人である。彼は李贄によって反権力の思想の感化を受け、当時盛んであった王世貞《おうせいてい》らの擬古運動に反対して、自由で個性のある詩文を主張した。いわゆる文人調の平俗軽妙な彼の詩文は出身地の名をとって「公安体《こうあんたい》」とよばれる。

唐伯虎はみずから「江南第一風流才子」と称し、文人的生活意識に徹し、その日常は、自由奔放で、芸術家的狂態の限りを尽したものであったといわれている。これらはいずれも明末という時代の思想状況と関連しているのである。

なお、ここで注意しておくべきことは、一口に王学左派というけれども、精細に見てゆけば、そこには師承関係によって、かなり主張に質的ちがいがあるであろうことと、李卓吾などによって代表されるような儒教批判が真に伝統的なものから抜け出たものとなっているかどうかということとである。しかし、これらについてはなお今後の各個研究にまたれるものが多いようである。

清代の思想

一　時代の概観

この篇では清の成立から滅亡までを取扱う。年代で言うと、紀元一六四四年から一九一二年までである。

この時期に西洋では一七世紀後半から一八世紀初頭にかけてフランスにルイ十四世による絶対主義の確立がある。イギリスはスチュアート王朝以来、植民地活動を活発に行ない、アメリカ、インドなどにその勢力を伸ばしていった。それは当然、同じく植民地拡大をはかるフランスその他との抗争を生んだが、イギリスはそれに勝ち、大英帝国の基礎を築くとともに、それらの植民地からの搾取によって資本を蓄積し、他国に先んじて産業革命をなしとげている。

ロシアでは一六一三年にロマノフ家のミハイル・ロマノフが皇帝《ツァー》に選ばれてロマノフ王朝が成立し、以来、三〇〇年にわたるツァーリズムが始められることになった。カントの「汝自身の悟性を使用する勇気を持て」という言葉を標語とする啓蒙思潮の起こった一八世紀の中葉は、中国では乾隆帝《けんりゅう》の治世の初年に当たり、考証学が隆盛をきわめていたころである。一七七六年のアメリカ独立、一七八九年のフランス革命は、やはり依然として在位していた乾隆帝の治世の晩年である。ちなみに乾隆帝の在位は六〇年である。

清代には東方に侵略してきた西洋諸国との間に、いろいろな国際関係が生ずる。シベリア征服の後、さらに南下を計るロシアとの間には、国初いちはやく国境紛争が生じて、康熙《こうき》帝のときにネルチンスク条約（一六八九）が結ばれ、ついで雍正《ようせい》帝のときにキャフタ条約（一七二七）が結ばれている。

イギリスとの間には、アヘン戦争をめぐる南京条約（一八四二）が結ばれ、一八五六年のアロー号事件では、一八六〇年に英・仏との間に北京条約が結ばれている。日本との間にも朝鮮問題から抗争が起こり、一八九五年に下関条約の締結がある。これら一連の出来事によって、中国は、資本主義列強の進出の前にあえなく敗れ、つぎつぎと国権を喪失してゆくのであるが、これが清末の政治思想に大きな衝撃を与えたことは言うまでもない。

この間、日本は江戸時代を経過して明治時代に入る。中華民国の成立した一九一二年は明治四五年であり、その年の七月三〇日から大正元年がはじまる。

清朝は元についで中国史上二度目の征服王朝であるが、元とちがい、漢民族の文化を尊重し、基本的には、これに同化するために非常な努力を払っている。制度は中央・地方ともほぼ明の制度を踏襲している。

社会的には人口の増加が著しく、清末には四億に達したとされている。これは主として耕地面積の増大と産業の開発とによって起こったことである。

階層的には、貨幣経済の展開とともに在地中小地主階層が没落し、これに代わって国家権力を利用する官僚地主や商人地主が不在地主として台頭する。

思想界では朱子学が明代にひきつづき官学としての地位を与えられていたが、清一代を通じて、清学ともよばれる「考証学《こうしょうがく》」という新学風が支配的な勢力として君臨することとなった。

考証学の歴史は三期に分けることができる。第一は国初から康熙年間までで、おおまかにこれを清初の時代とよんでもよいであろう。第二は乾隆・嘉慶《かけい》の時代で、ふつうこれを「乾嘉期《けんかき》」とよんでいる。これは清の社会がもっとも安定し国力も伸長した時代であり、考証学もこの時期に全盛期を迎える。第三は道光《どうこう》以後、清の滅亡までの時代である。これは内に太平天国の乱、外にアヘン戦争、日清戦争などがあり、国内外ともに緊張した事態がつづき、清が、一路、滅亡へと向かってゆく時代である。思想界にもその影響は顕著であり、社会的関心の強い「清末公羊《くよう》学派」の人々が相次いで登場する。その結果、明学への反省から生まれた清学も一種の自己否定を余儀なくされて崩壊してゆく。

なお、清初には知識人の間に異民族支配に対する反感が強く、種々の抵抗運動があり、著述にも民族意識が託されたりしていたが、これらに対しては清王朝からの弾圧があり、「文字《もんじ》の獄」「焚書《ふんしょ》」などの問題が度々ひきおこされている。しかし、さきにも述べたように、清王朝は漢文化を尊重しこれに同化しようと努めており、学術一般に対する保護と奨励とは史上かつて見られぬほどのものがあり、勅撰による各種の大編纂物が作られたりしている。それらが考証学の形成に貢献することの大きかったのは否定できない。

「鷹」（八大山人筆）

宗教界では仏教も道教もともに振わなかった。貴族の間ではチベットからおこった仏教の一派であるラマ教が行なわれていた。民間では諸種の俗信が盛んであり、それらは秘密結社の形をとり、清末には時として支配層をおびやかす勢を示すことがあるほどとなった。

文学では戯曲と小説とが栄えた。怪奇小説「聊斎志異《りようさいしい》」もこの時代の作である。他には、士大夫や官僚の生態を描いた二大長編小説「儒林外史《じゆりんがいし》」と「紅楼夢《こうろうむ》」が生まれている。

絵画では初期に形式的な典型主義を否定して個性発揮を旨とする感興《かんきよう》主義の画家として石濤《せきとう》や八大山人《はちだいさんじん》らが現われ、後期には、彼らの精神を継承する「揚州八怪《ようしゆうはつかい》」と名づけられる一群の型破りの画家が躍り出ていることが興味をひく。彼らはいずれも繁華をきわめた商業都市揚州出身の人であり、その画は「破逸画《はいつが》」と呼ばれている。

二　考証学の建設

1　明学から清学へ

清代の学術と思想界は考証学によって特色づけられる。一般に清朝考証学といわれるこの学風が全盛であったのは、一八世紀から一九世紀前半にかけてであるが、その成立過程には、前代からのさまざまな歴史的要素が関係している。

そこで、いま、考証学草創期の学者である顧炎武《こえんぶ》、黄宗羲《こうそうぎ》、王夫之《おうふうし》、姚際恒《ようさいこう》、戴震《たいしん》らの主張や学風を参考としながら、考証学の成立に当たって明代の思潮がどのように清代へ移行していったかを考察してみたいと思う。

古くはこの問題に関して、明代の学者が書物を読まずに空談に耽《ふけ》ったために明を滅ぼしたので、それを反省して清学が生まれたとする「清学＝明学の反動説」が行なわれていたが、そうした単純なとらえ方では十分な説明とならない点がある。

清学成立のための一要素としてまず考えられるのは明代に江蘇省の東林書院を中心として興った東林学派の精神とその学風とである。

書院という名の私立の学校が各地に盛んに建てられるようになったのは宋代になってからである。中でも有名なのは、さきにも述べた朱子の白鹿洞《はくろくどう》書院である。書院では、ふつう、その長を山長《さんちょう》といい、禅宗の清規《しんぎ》にならって学規を定めて子弟を教育した。

その経営は多く学田《がくでん》の収入によっていたとされる。書院は在野の学校として、官学に対し、おおむね野党的性格を帯びていたのが特色である。

明代になると、陽明学派の人々が、この書院において盛んに学を講じた。そこでは、時としては、庶民をもまじえた大衆が一つの問題をめぐって自由な討議と研究とを展開した。これを「講学《こうがく》」という。王学左派に見られるような社会的に広範な運動もこうした講学活動として行なわれていたのであった。

こうしたなかで、一六〇四年、明の万暦《ばんれき》のころ、江蘇省の無錫《むしゃく》に、もと吏部《りぶ》の官僚であった顧憲成《こけんせい》によって東林書院が再興された。

この書院は北宋の大儒であった楊時《ようじ》の建てたものである。顧憲成は当時の朝廷の腐敗官僚を批判して政界を追放された者の一人であった。東林書院を再興した顧憲成のもとには、各地から名声を慕う同志の人々が結集し、それはたちまち隠然たる勢力となった。これがいわゆる東林学派であり東林党である。

顧憲成は王陽明三伝の弟子ともいわれているが、学問的にはむしろ朱子学の系列に入る人と考えられている。彼のもとに結集した人々には士大夫階級の者が多く、かの李卓吾を攻撃したのも東林党である。

彼らの講学の主要なものは時事問題であったが、討議の結果を一つの政治主張としてつねにはげしく世に訴えつづけた。彼らはいわゆる「心学《しんがく》」の人々の講学が「天が崩れ地が陥っても顧りみぬ」自己満足の心性論議であるときめつけ、現実の政治とするどくかかわるところに学問の意義があると唱えた。これがいわゆる「経世致用《けいせいちよう》」（世間にはたらきかけ現実に役立つ）の学である。

東林党は反対派の宦官魏忠賢《ぎちゆうけん》らの再度にわたる大弾圧で一六二七年、一時ほとんど壊滅状態になるが、これよりさき、党内の青年層によって「古学復興」を標榜する「応社《おうしや》」が作られ、ついでそれは、一六二九年には全国的組織である「復社《ふくしや》」へと発展していった。

清初において考証学の形成に重要な役割を果している黄宗羲、顧炎武、王夫之の三人がいずれも復社の同人であったということは、考証学の淵源の一つとしての東林学派の存在をよく物語っている。

東林学派から考証学に何らかの形で継承されたものはつぎのようなものであろう。

(1)講学などに見られた自由討究の学風

(2)経世致用の精神

(3)古学復興の気運

清学成立のための条件として第二に考えられるのは、宋代に朱子などによって推進された博学を尊ぶ精神と着実な学術研究の方法の継承ということである。

朱子が窮理《きゅうり》の名において博覧多識を重んじ読書や学問を奨励するとともに、みずから、多くの典籍に詳細な注釈を加えたことは、すでに述べた。朱子学のなかには、この伝統が比較的強く継承されていった。その次第を見てみると、たとえば宋代の人には、黄震《こうしん》、王応麟《おうおうりん》、馬端臨《ばたんりん》らがいる。黄震には「黄氏日抄《にっしょう》」九七巻があるが、これは、ひろく経書《けいしょ》、史書、諸子、詩文集等を抄読して、それらの中のことがらにつき、自分の意見を附したもので、その実証的な手法は、今日でも顧みられるところが多い。

王応麟には「困学紀聞《こんがくきもん》」二〇巻がある。これも歴代の典籍中のことについての考証であるが、その精到さは清代の学者にも大きな関心をよび、閻若璩《えんじゃくきょ》もこれに注を加えているほどである。

彼には、故実を集めた類書（一種の事典）ともいうべき「玉海《ぎょくかい》」があり、これも後世、学術史上有益な書となっている。

馬端臨の代表作は「文献通考《ぶんけんつうこう》」三四八巻である。これは上代から宋までの制度の変遷を知るための一種の百科全書であり、現在でも史学の資料として十分に価値をもっている。

明代で朱子の学統にあって実証的研究を行なった人には宋濂《そうれん》がいる。彼の「諸子弁《しょしべん》」は歴代の諸子の学者の著述の真偽を論じたものである。このほか、必ずしも朱子学者ではないけれども、宋代の欧陽修《おうようしゅう》、鄭樵《ていしょう》、葉適《しょうせき》らの業績もその手法において考証学の先駆となった点があると言える。また、明末の陳第《ちんだい》の「毛詩古音考《もうしこおんこう》」などもその一つに数えてよいだろう。

右にあげたような人々から考証学が継承したと考えられるものはつぎのようなものであろう。

(1)経典に限らず諸書を博覧する
(2)事物の考証に関心を抱き、諸書の中から資料を抄出して分類整理する
(3)自分の集めた多くの資料から慎重に帰納して結論を導く
(4)資料の歴史的変遷に注意を払う

(5)立論に当たって先人の説に盲従しない

継承の具体的な例を一二あげれば、顧炎武の「日知録《にっちろく》」や閻若璩の「潜邱劄記《せんきゅうさつき》」などが、「黄氏日抄」や「困学紀聞」の系列に属し、姚際恒《ようさいこう》の「古今偽書考《ここんぎしょこう》」が宋濂の「諸子弁」を承けていることなどである。

第三に考えられるのは、王学左派などに見られた人欲肯定の思潮である。

宋学が人欲を悪とし、その克服を強く唱導したためにリゴリズムに陥ったのに対し、王学左派の人々が心性について独自の論議を展開して朱子学を批判し、しだいに人欲肯定の思想を形成していったことはすでに記した。

清初の学者たちには、王学左派に対してはもとより、明学一般に対して、そこに見られる「心性」論議を空疎なものとしてはげしくしりぞける気分があるが、同時にまた宋学の理《り》気《き》説に対しても、強い批判をもっていた。その際、彼らもまた人欲を悪とする考え方を否定する立場をとっていたので、結果としては、王学左派の考え方に無自覚的にではあろうけれども、つながる点が生じている。

戴震が「孟子字義疏證《そしょう》」という著作の中で「情欲とは抑えるべきものではなく、遂《と》げるべきものだ」といい、「理と情欲とは矛盾しない。万人の情欲をひとしく遂げさせる。そのことが理なのだ」といっているのは、もっとも代表的な説である。

彼はさらに宋儒のいう「本然《ほんぜん》の性」と「気質の性」との対立を認めず、「気質の性だけが性なのだ」とも主張している。

けれども、彼は別に情欲を肯定しているわけではなく、情欲のもたらす害であると「私」は「恕《じょ》」をもって、「蔽《へい》」は「学」をもって克服する必要があると説いている。

顧炎武や姚際恒には、理気説にはじまる宋・明の心性論議は本来の儒教にかかわりのない論争だとする考えがあった。したがって、顧炎武は「心性を論ずることをやめて経典に基いて考えよ」といい、姚際恒も「聖人の教えには本来、理気心性のような高遠深刻なものはない。聖人の教えはもっと平易で日常的な徳行に関することに限られていた」と言っている。また、姚際恒は「聖人の教えは決して人情に背馳《はいち》するものではない」とも主張している。

以上述べてきたようなものから考証学にもたらされたものは、つぎのようなものであろう。

(1)理気心性のことを論議の対象にしない

(2)宋明の流行であった「語録」をよむ風がすたれ、直接に経典を研究するようになった

(3)儒家の本来の道はもっと平易で日常的なことについてのものだったと考える

(4) 人欲を理の対立物とは考えない

(5) 聖人の教えは人情に背馳しないと考える

なお、こうしたものについて、これを「気の哲学」の伝統によって生成されたものとする説が一部にはある。

第四に考えられるのは明清の交替という特殊な政治・社会情勢である。明の滅亡に至るまでの歴史は漢民族ことに支配層の人々にとって名状しがたい悲痛な経験の連続であり、清王朝の出現は異民族支配というのがれがたい屈辱の現実であった。経世致用の学が生まれ、上古への関心が高まり、明学への反省が行なわれたのも、すべてこうした現実に直面したからであり、そこには中国の知識人の民族的自覚が大きく作用していると考えられる。

たとえば、顧炎武には同志を糾合《きゆうごう》して明朝の回復に渾身の努力をささげていた時期があった。彼の義母は、明の滅亡に当たって絶食して死んでおり、彼にも二姓に仕えることのないよう遺言している。そうして、それは彼の抵抗運動の支えでもあった。

黄宗羲は数千の兵をひきいて明の復興を企て、のちには援兵を求めて長崎に渡来したりしている。「日本乞師記《きつしき》」というのは、それに関係のある彼の著述である。

王夫之もまた果敢な反清抵抗運動をした人として知られている。

顧炎武が「日知録」のなかで、「王朝の滅亡は天子と官僚の責任だが、中国の滅亡は一介の匹夫《ひっぷ》といえども責任を免れない」と説き、王夫之が、「民族が団結独立しえないとき、何の仁義道徳ぞ」と叫んでいるのも、彼らのうちにみなぎる熱烈な民族主義の感情の発露である。

したがって、黄宗羲の「明夷待訪録《めいいたいほうろく》」、顧炎武の「天下郡国利病書《てんかぐんこくりへいしょ》」、王夫之の「宋論」などいずれもはげしい政治批判の書であり、国を興し民を救う道を指し示すために書かれている。これらの人々は明の遺老《いろう》（生き残り）といわれる人々であり、のちには、彼らがしたような体験をもたない人たちも育ってくるが、少なくとも考証学の草創期にはこのような遺老たちの精神が脈々と流れていた。

こうしたなかから生まれたものはつぎのようなものであろう。

(1)時代にかかわる学者の使命の自覚

(2)経世の学としての歴史・地理研究の重視

以上述べてきたような諸要素が明学から清学への移行に当たって存在したと思われるおもなものである。考証学はそれらが相互に関連しながら推移することによって形成されたものであるが、なお、このほかにもつぎのようなことも考えられる。

その第一は、西洋の科学知識の影響である。ヨーロッパの科学技術は明の中末期にキリスト教とともに中国にもたらされた。それらは天文・暦算・水利・兵器に関するものであったが、そこに見られる西洋の科学知識や研究方法などが、中国人の研究心を大いに刺激し、研究法の上でも少なからぬ示唆を与えたであろうことは否定できない。

第二は、清代に入ってから清の王室によって行なわれた「康熙《こうき》字典」「古今図書集成」「四庫《しこ》全書」などの大規模な編纂事業である。長期にわたり多くの学者を動員して行なわれたこれらの事業は、おのずから学者の保護と育成とに役立つとともに、各方面における学術への関心を大いに高めることとなった。

2　実事求是の学

考証学の標語のように用いられているのは「実事求是《じつじきゆうぜ》」という言葉である。これは「漢書」の河間《かかん》の献王伝にある「修学好古、実事求是」という句に基く語であり、「努力して事実を確かめ、それによって是（正しい答）を探求しよう」という意味をもっている。

一般に清代の学者たちは宋・明の学界、ことに明末の学界に見られたような観念的で主観的な判断を好まず、「語録」の説くところなどにかかずらわって経書をないがしろにするのも喜ばなかった。

彼らはひろく典籍を読み、できるだけ客観的な証拠を集め、それに基いて説を立てようと心掛けた。証拠がなければ信じないというのが彼らの基本的態度であった。一種の帰納主義であり合理主義である。そうして、これは、古典の真偽の弁別、文字の正確な解釈などに多くの業績をあげたほか、経典研究の補助学としての音韻学、文字学、書誌学、金石学《きんせきがく》、校勘学など、考証学の特色ともいうべき広範な学術の勃興をもたらした。

しかし、同じく実事求是を標榜しても、清初・乾嘉（乾隆・嘉慶）・清末とでは、それぞれ学者の気風も学問の傾向も異るものがあり、同時代でも人によって様相のちがいがある。そこで、いま、それらを考えつつ、清初から乾嘉までの学者についてその学の由来と傾向とを概観してみることにする。

清初の学者としてあげられるのは、顧炎武、黄宗羲、王夫之、顔元《がんげん》、姚際恒、閻若璩らである。

顧炎武は江蘇省の崑山《こんざん》の人であり、字を寧人《ねいじん》、号を亭林《ていりん》と言った。若くして復社の同人となり、明の滅亡に際して、身を挺して反清のための軍事行動に従ったことはすでに述べた。この明朝復興の運動が挫折してからは、節を守って民間に在り、一学究として生涯を終わった。

その学問には経歴を反映して経世致用の精神と民族主義的心情とが強い。「六経《りつけい》の旨や当世の務《つとめ》に関しないことは一切しない」という宣言はその端的なあらわれである。したがって彼は、明末の学界に対してきびしい批判をもっており、「彼らは四海の困窮を捨て置いて、心性の論ばかりしていた」ときめつけ、それからの離脱を人に呼びかけている。

朱子学を宗としていたが、堅実な考証を尊び、研究の手法においても考証学の祖となっている。「経学こそすなわち理学だ」として、経学研究の復活を推進するとともに、史学、地理学、天文学、音韻学など多方面のことがらを研究の対象としている。代表作は「日知録」「音学五書《おんがくごしょ》」「天下郡国利病書《りへいしょ》」などである。「日知録」は読書していて気づいたことを随時筆記したもので、経義、政事、世風《せふう》、兵事、天文、地理など各方面にわたる考証から成り、三二巻の書となっている。その考証には、さきにもふれたように宋の王応麟から学んだものもあるが、他に明の楊慎《ようしん》から摂取したものもある。

「音学五書」は、いわば経書の言語学的研究である。その端は、明の楊慎や陳第《ちんだい》らにあるが、漢代の碑を利用した点などは宋の欧陽修《おうようしゆう》から学んだものである。「天下郡国利病書」はさきにものべたように地理の書であり、地方の政治に関する書である。

彼の学風は物事の沿革を調べ考えるところにあり、それによって正確な知識をもち、その知識をはたらかせて現実の用に役立てたいという願いを秘めるものであったと思われる。

黄宗羲は浙江省の余姚《よよう》の人で、字は太沖《たいちゆう》、号を梨洲《りしゆう》と言った。顧炎武と同じく復社の同人であり、明清の際に国事に奔走した次第は顧炎武のそれとともにすでに述べた通りである。

余生を郷里において著述のうちに送ったが、その学問は陽明学を宗としていた。しかし、彼も明末の学風には大いに反感を抱いており、経書や史書を読むことの必要性を力説している。

「明人の講学は語録の糟粕《そうはく》をなめているだけだ。六経をもって根柢となさず、書を束《つか》ねて遊談に耽っている。これでは駄目だ。おろかな儒者になりたくなかったら、必ずまず経を究め、兼ねて史書を読め」と言っているのがそれである。

代表作は「明夷待訪録《めいいたいほうろく》」「明儒学案」等である。

「明夷待訪録」の「明夷」とは易《えき》の卦《け》の名称で「明るさが夷《そこな》われる」ことを意味する。黄宗羲は、「いまはその明夷の世であるが、やがて夜明けの時代が来て明君から治世の大法が訪《と》われるであろうことを待つ」という気持から、「明夷待訪録」という名を選んだとされている。

こうした命名の由来からもわかるように、そこには明の滅亡を痛惜する感情が託されており、きわめて激越な調子で政治の在り方が論じられている。

書中に「歴代の天子は天下を私有財産扱いしてきた」という言葉のあることはよく知られているが、要するにこの書は歴史的考察に基く政治意見書であり、具体的には明代の政治の弊害を論じて発表された政治改革案である。

王夫之は湖南省の衡陽《こうよう》の人であり、通称を船山《せんざん》と言う。顧炎武らと同じく彼も明の回復のために活躍したが、それが挫折した後は、石船山《せきせん》の土室に籠って孤独のうちに古典の研究に従事した。墓碑には「明の遺臣王夫之の墓」と刻し、「憂を抱いたまま死んだ」と記させたほどで、最後まで烈々たる民族意識を蔵した人であった。

彼は陽明学をしりぞけて宋学をよしとし、ことに張横渠《ちょうおうきょ》の学に基くところがあったとされている。

代表作は「読通鑑論《どくつがんろん》」「宋論」などである。このうち「宋論」は宋の滅亡の原因を論じたものであり、元に亡ぼされた宋を論じて、同じく異民族である清に亡ぼされた明について深い感慨を寄せた書である。

顔元は河北省博野《はくや》の人で、字を渾然《こんぜん》、号を習斎《しゅうさい》と言う。学問は陽明学から出ているが経世致用の精神が強く、実利実行を重んじる独特な主張をもっていた。

彼は「学問は決して書物の上とか学校とかで求めるべきものではなく、ただ社会日常の行事中に求めるべきだ」と考えていた。そこで、「書上に見て心頭に思うだけが学問だと思っているのは無智無能の者の考えだ」と言い、事物に即した学問、実習を通じての研究を提唱している。「習斎」と号したのもそのためである。門人に対しては、躬耕《きゅうこう》、医術、武術、兵法、礼法、音楽につき、いずれか一科を必ず習わせ、「一日生存すれば、生民のために一日の事を為すべきだ」と説いている。

平生、著述に反対していたので、「存学《ぞんがく》」「存性」「存治」「存人」の四編の論文が残されただけであるが、これらはのちに「顔氏学記」という一冊の本にまとめられている。

姚際恒は安徽《あんき》省の桐城《どうじょう》の人で字を立方《りっぽう》、号を首源《しゅげん》と言った。彼には反清活動の記録はないが、若い時から官途に志を絶って読書の生活に入っており、詞章の学を棄てて経典の研究に従事したと伝えられている。

五〇歳のとき、子女の婚嫁のことが、ことごとく終わったので、以来、門を閉じ人事を絶って経典の注解に専念し、一四年を費してついに「九経通論《きゆうけい》」という著作を完成させた。それらは、「古文尚書」、「周礼」、「論語」、「孟子」、「易伝」、「儀礼《ぎらい》」、「礼記」、「詩経」、「春秋」の各通論から成っていたと考えられるが、現在、完本として伝わっているのは、わずかに「詩経通論」一書のみである。他には、「経史理学諸子を雑論した」という「庸言録《ようげん》」があったというが、これも伝わっていない。世に流布して比較的よく知られているのは、「古今偽書考」のほかは、むしろ彼の主要著作でない「好古堂書画記」「好古堂書目」などである。

彼の立場は、宋・明の理学をともに排斥するところにあった。ことに宋学に対する批判にはきびしいものがあり、これを「偽道学」として批判を加えている。「程朱《ていしゆ》の学やまざれば、孔孟の道あらわれず」と言ったと伝えられるが、宋学は孔孟の教えにもとるものだというのが彼の持論であった。

彼は宋学と孔孟の教えとのちがいを究明し、本来の儒教の精神がどのようなものであったかを明らかにしたいという志を持っていたようである。したがって、そうした研究に当たって、真によりどころになる書物は、何と何なのかを定める真経・偽経の弁別に力を入れた学者であったと考えられる。

「詩経通論」は朱子の「詩集伝」を批判するために書かれたものであるが、彼は、その中で、漢代の注釈をも批判し、人は従来の一切の注釈を排して直接虚心に詩そのものから解釈を引き出すべきだと述べている。その際、彼の適用した原理は、「詩は人の心の自然に発するものであるから当然人情に合致しているはずである。したがって詩の解釈も結果において必ず人情に合致しなければならない」というものであった。その考えの背後に、「聖人の教」もまた、決して人情に背馳するものではないという信念のあったことが注目される。

閻若璩は山西省太原《たいげん》の人で字を百詩《ひゃくし》、号を潜邱《せんきゅう》と言った。若いころは性質も鈍重で見栄えのしない人であったが、発憤して学に励み、ついに一代の大学者になったという。著述には「尚書古文疏証《そしょう》」「四書釈地」「潜邱劄《さつ》記」等があるが、とくによく知られているのは、「尚書古文疏証」である。

これは、「書経《しょきょう》」の中に収められている「古文尚書」と称せられる二五篇が東晋のころの偽作であることを証明したものであり、その厳密な考証と大胆な論断とは、考証学の成果を代表する著作としてたたえられている。

この研究は、すでに宋の呉棫《ごよく》や元の呉澄《ごちょう》らが端を開いたものであり、姚際恒も同様の研究をしている。閻若璩が姚際恒と会見し、「尚書」の研究上で大いに示唆を受けていることは閻若璩自身がこの書の中で記している。

彼もまた、姚際恒と同様、経典の真偽の弁別を主な問題とし、盲目的に経典を神聖視してきた伝統を打ち破った学者であったと言える。

なお、この時期には、これらの人のほかに「易図明弁《えきずめいべん》」を書いた胡渭《こい》のいたこともあげられてよいだろう。彼は、この書の中でいわゆる「河図洛書《かとらくしょ》」なるものが古代の伏羲《ふっき》や文王と関係のあるものではなく、後世の偽物に過ぎないと断定したが、それは、ここに立論の基礎の一つを置く宋学の権威を大いにゆるがすものとなった。

全盛期の乾嘉の時代の学者には、戴震、段玉裁《だんぎょくさい》、王念孫《おうねんそん》、王引之《おういんし》らがある。彼らはともに文字の学＝小学の研究に秀《ひい》でており、その学は世間から「戴段二王の学」と呼ばれている。このほかには、恵棟《けいとう》、崔述《さいじゅつ》らが注目される。

戴震は字を東原《とうげん》といい、安徽省の休寧《きゅうねい》の人である。性質は孤独で人とうちとけず、もっぱら読書をこととしていたが、四〇歳で挙人《きょじん》（郷試《きょうし》に合格した者）となり、のち、特命によって進士《しんし》となった。

彼は従来の学者のように古い例証を集めるだけでなく、それらを整理し、みずから法則を立てて大胆に論定することを重んじた。

彼が情欲を肯定する考えに立っていたことはすでに述べたが、彼の学は清初の学者たちによってはじめられた宋学批判と古典研究との集大成とも見られる。

その代表作は「孟子字義疏証」であるが、この書は「孟子」の字義を考証しながら、理、天道、性、道、仁義、誠などの諸事項について宋儒の解釈の誤りをつき、それらを根本的に正そうとしたものである。その周到な考証は清代学術の収めた成果のなかでも、もっともすぐれたものの一つに数えられている。

その宋学批判は「酷吏《こくり》は法をもって人を殺し、後世の儒者は理をもって人を殺す」「宋以後は孔孟の書はことごとく其の正解を失って、儒者は老・釈の言を雑入して解釈した」「朱子はしばしば〝欲の蔽うところ〟という語をくり返して用いたが、すべての〝欲〟は否定すべきものではなく生かすべく養うべきものだ」「欲をとどめるの害は、川を防ぐよりも甚しい。宋学のように情を絶ち智を去るのは仁義の道をふさぐものだ」などの言葉によってよく知られる。彼の著作には、姚際恒の著作の場合と同じく単に宋学を否定するだけでなく、聖人の道あるいは儒教本来の精神がどのようなものであったかを模索しようとしている意図がはっきりとうかがわれる。

段玉裁は江蘇省金壇《きんだん》の人である。戴震に師事したが、官を辞したのちは世間との交りを絶ち、三十余年にわたり学問に専念した。「説文《せつもん》解字注」は、こうして作られた彼の著述のうち、もっとも精根を傾けたものだとされている。

王念孫は江蘇省の高郵《こうゆう》の人であり、戴震とも師承関係がある。乾隆四〇年（一七七五）に進士となったが、のち官を辞して郷里に帰り、一意研究に従事した。のち再び任官して治水事業などにも貢献している。古典の訓詁と復整にくわしく、「読書雑志」等の著作がある。

王引之は王念孫の子であり、嘉慶四年（一七九九）に進士となり、昇進して礼部《れいぶ》尚書に至っている。著に「経伝釈詞《けいでんしゃくし》」「経義述聞《けいぎじゅつもん》」等があり、家学を承けて文字学を専門としていた。

王念孫・王引之の文字学の特色は訓詁の根本を字形でなく字音に置いたことである。これは新しい着想であるとともに学問的にも合理性をもった方法であった。

恵棟は蘇州の人で祖父以来、学問の家で「三恵」の称がある。彼は生涯任官せず学究の生活をしていた。易にくわしく「周易述」「易漢学」などの著述がある。

彼およびその周辺では宋学をしりぞける一方、漢学ことに後漢の経学を再評価する傾向が強かったが、彼の門から江声《こうせい》、王鳴盛《おうめいせい》、銭大昕《せんたいきん》らが出るに及んでその傾向は一層促進され、考証学の大勢が漢学再評価という方向に趨《おもむ》くかのような様相をさえ呈した。彼らの間では、ややもすれば、漢儒の注釈を無条件に受け入れ、真か否かの判断を漢学か否かの問題に置き換える風があった。

恵棟を中心とするこの漢学派は恵棟の出身が蘇州（昔の呉《ご》県）だったので、「呉派」ともよばれる。これに対し、前記の戴震らはそうした伝統墨守の態度に反対し、より自由な研究を志向していた。戴震が安徽省（昔の皖《かん》）の出身だったので、戴震から段玉裁、王氏親子などにひきつがれた学統は「皖派」とよばれる。

崔述は河北省大名《だいめい》の人で字は武承《ぶしよう》、号を東壁《とうへき》と言った。乾隆二九年（一七六四）に挙人《きよじん》となり、地方官に任官したが、のち、官をやめて古代の研究に没頭した。著述は世に「崔東壁遺書」として知られているが、そのうちに収められている「考信録」三六巻がもっとも心血を注いだものとされている。

彼は当時の学界の主流の人々とは没交渉であり、宋学にもくみしないとともに漢学にも同調しなかった。いわゆる経書の記載に関してもきわめて慎重であり、「詩経」「今文《きんぶん》尚書」「左氏伝《さしでん》」「論語」以外の書は史料的に信頼できないとして、十分な原典批判をした後でなければ容易に史料として用いることをしなかった。

ここで清初の学者と乾嘉期の学者との学風のちがいをくらべてみると、乾嘉期の学者には経世致用の精神がしだいに少なくなっていることが知られる。これは、彼らに清初の人々のような反清活動の経験や、明の滅亡をまのあたりに見た体験がなく、清朝の安定とともに政治的な関心よりも学術的な関心がより強くなったためである。また、これには、清王朝の思想統制や学術奨励などによる学者誘導の影響していることも十分考えられる。

清初の学者の多くが官に仕えることをいさぎよしとしなかったのに対し、乾嘉期になると、学者たちの中には挙人や進士となって任官する者も少なくなかった。ここにも民族主義的情熱がすでに消えつつあることが感じられる。

清初においては宋学に対する批判も、古代の理想や聖人の教えが真に何であったかを探究する目的を伴って行なわれたが、乾嘉期になると、恵棟などいわゆる呉派の漢学再評価のように、批判精神を失って、宋学に代わって漢学を権威化し、それに盲従する気風さえ生じている。

なお、このころになると、明代の講学《こうがく》の風はほとんど衰えてしまっている。彼らの多くは書斎にいてひとり黙々と書物ととりくむ生活をしていた。こうした学風は「樸《ぼく》実《じつ》の学」という意味で「樸学《ぼくがく》」といわれた。この樸学こそは清朝考証学の代名詞でもある。これは明代の講学がややもすれば大衆うけをねらって華美に流れ、物事の冷静な判断と着実な思考とを失っていたことへの反省から生まれたものであり、清初以来うけつがれてしだいに一つの気風となっていったものである。

三　近代の胎動

1　清末の公羊学

道光《どうこう》以後の時代は、太平天国の乱や打ちつづく西洋諸国との緊張した国際関係の中で、乾嘉期とは全く異なる動乱のうちに経過してゆく。思想界でも学者たちが時勢に刺激されて再び政治や実用の方面に関心をもちはじめる。その端的なあらわれが「清末公羊《くよう》学派」といわれる学派の出現であるが、ここではまず清末の公羊学とは何かについて記したのち、その代表的学者である劉逢禄《りゅうほうろく》、魏源《ぎげん》、龔自珍《きょうじちん》、康有為《こうゆうい》らの主張について説明する。

公羊学派の登場は、後漢における今古文《きんこ》の論争の再燃である。後漢の時代に今古文の争があり、それが古文派の勝利に終わったことは、「後漢の学術」の項ですでに述べた通りである。

考証学において乾嘉期に恵棟らの漢学派が尊重したのは後漢の経学であり、それはとりもなおさず古文の学である。ところが道光以後になると、後漢よりさらにさかのぼって前漢の学術を尊重し、古文よりも今文の学を奉ずる人々が多くなってくる。これは師承や家学の伝統を重んじて権威主義に陥った恵棟以来の漢学派はもとより、考証学にたずさわる者一般が、時として考証のための考証という傾向をもちはじめ、清末という動乱の時代の要請に応えられなくなっていたことと関連している。

今文学を奉ずる人々は、今文学の中でも「春秋公羊伝」とその注釈書とを拠りどころにして学派を形成していったので公羊学派と名づけられる。

すでに述べたように「春秋」には「左氏」「公羊」「穀梁《こくりよう》」の三伝がある。公羊学派の人々は、この三伝のうち、「公羊伝」のみが「聖人の志」を伝える書だと信じていた。このことは後漢の何休《かきゆう》が同時代の鄭玄《じようげん》との論争を通じて主張したことでもあった。

何休は後漢の人ではあるが前漢の董仲舒《とうちゆうじよ》の今文の学説を守っていた学者である。鄭玄との論争は「公羊墨守」「左氏膏肓《こうこう》」「穀梁廃疾」の三部の書となってあらわれたが、要するに「左伝」も「穀梁伝」も偽物であり、「公羊伝」のみが墨守に値するという趣旨の書である。彼の「公羊伝」への注は「公羊解詁《かいこ》」として伝わっている。

公羊学派の人々は「公羊伝」とともにこの何休の注釈を重視した。そうして、これに沿って解釈を進めてゆけば、公羊伝に託されている「聖人の志」――これを「微言《びげん》大義《たいぎ》」（微妙な言に託された根本理念）という――が知られるとし、それを明らかにするのが自分たちの使命だと考えた。

公羊学派の祖は乾嘉期の荘存与《そうそんよ》だとされるが、それを継承して清末公羊学の主唱者の一人になったのは、劉逢禄である。彼は「公羊春秋何氏釈例」を書いて、「公羊伝」の中に、孔子の真精神を引き出す思想上・表現上の諸原則があると唱えた。その研究は「公羊伝」や何休の注を考証学的手法で検討しているものの、目ざすところは「公羊伝」に内在する経世の原理であり、考証のための考証めいた研究とは、かなり趣きがちがってきている。

こうした経世意識をさらにはっきりとうけついだのが魏源である。彼は道光二四年（一八四四）の進士で官は高郵《こうゆう》州の知州に至ったが、若くして劉逢禄に学び、大いに経世の精神を発揚された。公羊学者としての業績は「詩古微」「書古微」「公羊古微」などによって知られるが、このほか、彼の思想は、つぎにあげるような書のうちにも示されている。

すなわち、彼は清朝歴代の人々の経世の言を収めた「皇朝経世文編」を編集したほか、アヘン戦争の敗北に触発されて、清史「聖武記《せいぶき》」を書いている。また世界知識を世人にひろめようとして「海国図志」を著わしたりした。つねに現実の社会に強い関心を寄せ、軍事・外交の問題についても積極的に取組み、その対策を考えている。

龔自珍は段玉裁の外孫であり、訓詁の学を段玉裁から受けたが、のち、劉逢禄に学んで、魏源らとともに公羊学に心を寄せるようになった。公羊学者としての著述には「公羊決事《けつじ》比《ひ》」がある。これは董仲舒の「公羊決獄」に倣ったもので、「春秋」の中の裁判の判決例を考証して、現在の法律との異同を記したものである。彼の公羊説の特色は何休の公羊学についての学説である「三世説《さんぜいせつ》」を摂取して、歴史が「拠乱・升《しょう》平《へい》・太平」の三世によって成り立ち、三世はそれぞれ制度を異にして進展してゆくと考えたところにある。

この立場から彼は社会改良に情熱を抱き、人材抜擢、汚職根絶の必要などについて積極的な意見を発表した。また「限田」「均田」などの論文では農村の改革についても建言をしている。彼のめざすところは、経済的・社会的不平等の打破であり、それによって王朝のたて直しをはかることであった。

康有為は字を広廈《こうか》、号を長素《ちょうそ》または更生《こうせい》といった。広東省南海県の名門に生まれ、世に南海先生の称がある。彼は、はじめ同郷の朱次琦《しゅじき》に学んだ。朱次琦の学は朱子学に王陽明の学を雑《まじ》え、経世致用を重んずるものであった。

師事すること六年にして朱次琦が亡くなったので、康有為は北京—香港—上海へと遊学の旅にのぼった。それらの地で見聞したものはヨーロッパ人の植民地支配の実態であるが、この見聞を通じて、彼はヨーロッパ文明には、その本源として、必ずや道徳と学問とがあるにちがいないと悟り、西教会（キリスト教の団体）の翻訳書を通じて広く西洋の新思潮吸収を志したという。

また、このころ、仏典や老荘の書にも親しんだが、成都にいた公羊学者の廖平《りょうへい》の著書に強い影響を受け、しだいに公羊学にひかれてゆくようになった。

光緒一五年（一八八九）に始めて「変法《へんぽう》」（国家制度の変革）について上書《じょうしょ》したが、途中で阻止されたので故郷に帰り「万木草堂《ばんぼくそうどう》」を設けて学を講じた。

彼は前後七回にわたり上書して意見を言い、その間、強学会や保国会《ほこくかい》を起こして改革運動の基盤としようとした。かくしてそれらの団体では東西書籍の翻訳、新聞・雑誌の刊行、政治学校の設立などをかかげて同志を糾合している。

度重なる建言が認められて、持論の「変法自強《じきょう》」策を実施するときが来たのは光緒二四年（一八九八）五月である。彼は光緒帝の信任を得て勇躍日ごろの抱負を実現すべく改革にとりかかったが、反対党の排斥もものすごく、八月にはわずか一〇〇日にして失脚してしまった。これがいわゆる戊戌《ぼじゅつ》の政変である。

政変後の彼はイギリス船に乗って香港に逃亡し、のち門人梁啓超《りょうけいちょう》とともに日本に亡命している。辛亥革命後は、清帝の復位運動や孔子尊崇運動などに従い、民国一六年（一九二七）春、七〇歳で青島で没している。

康有為の代表的著作は「新学偽経考」「孔子改制考」「大同書」の三部であり、それらのうちに清末公羊学派の思想は集大成されている。

「新学偽経考」は後漢の古文学を排斥したものである。康有為によれば後漢の古文学は実は王莽《おうもう》の建国した「新《しん》」の学すなわち新学に過ぎず、後漢の学者たちの尊信している「周礼」「左伝」「毛詩」などはいずれもこの新の王莽に仕えた劉歆《りゅうきん》の偽作であるとされるのである。

したがって後漢の大儒とされる許慎も鄭玄も、この偽経を偽経と知らずに研究していたことになるので、康有為は鄭玄を罵倒して「劉歆の功臣にして孔子の罪人だ」と言っている。

「孔子改制考」は「新学偽経考」に示された見解をさらに推し進めたものである。すなわち、彼はこの中で、まず、孔子を「万世の教主」と定めたのち、堯舜などの存在を否定し、それら古聖王はいずれも孔子の仮託した人物だとし、六経についても、それらがすべて孔子の作るところであり、周公などの作ったものではないと断定した。

つまり、孔子が改制（政治革命、社会改造）に当たって、もっぱら堯舜文武周公などの古代の聖王に託して六経を創作したというのであり、これがいわゆる「托古《たくこ》改《かい》制《せい》」の説である。

かくして、彼は六経の中に政治改革についての孔子の「微言大義」が窺われるとしたが、このうちとりわけ「春秋」を重視し、「春秋」こそは、孔子が制度改革のために記した書であると考えた。

「大同書」は「大同思想」に基いて書かれている。この「大同思想」なるものは、公羊学派によって説かれてきた「三世の説」と「礼記」の「礼運《れいうん》篇」にある「大同の説」とが結合して出来た歴史観から生まれている。

「三世の説」とは春秋一二代を所伝の世＝衰乱の世、所聞《しょぶん》の世＝升平の世、所見の世＝太平の世の三世に分けて史論を構成してゆくものであり、「大同の説」とは、時世の変化を、大同・小康《しょうこう》・拠乱の三段階に分けて考える説である。康有為はこれを組み合わせて

拠乱（＝乱世）→升平（＝小康）→太平（＝大同）

という図式を作り、社会は乱世から小康に進み、やがては太平大同の世に進むという一種の進化論的歴史観をもつに至ったのである。

康有為は現在の世を小康の世と考えた。そうしてそれは大同の世への前段階である

から、礼という秩序が設けられ、その秩序の故に対立と差別が生じ、それをめぐって民衆が苦痛に陥っているとした。

「大同書」は、甲部から癸《き》部までの一〇部から成っているが、甲部では、いまのべた小康の世である現実社会の矛盾と苦悩とが詳しく描写されており、乙部以下では、それが順次克服されて大同の世が実現してゆく過程が述べられている。

いわば、「大同書」は康有為の作り出したユートピアであると言える。それは彼の詩人的空想力によって、はなはだ華麗な夢の書とさえなっている。

なお、彼があげた大同の世に至る過程には、国境撤廃、階級・種族・男女の差別廃止、家族制度廃止、産業国営、夫婦制・私有財産制の解消、国家の消滅等があり、「大同の世にはただ神仙と仏学とのみが行なわれ、この二学ののちにはさらに天遊の学がおこるであろう」と結ばれている。

この康有為の思想には公羊学から出たもののほかに太平天国の乱を通じて急速に浸透してきたキリスト教の影響や、のちに述べる厳復《げんぷく》の紹介した「進化論」の影響があるとされている。

2 清学の終結

公羊学派の人々が激動する時代の切実な要請に応えるため、彼らの奉ずる公羊学の中から懸命に経世の思想と対策とを引き出そうと努力していたころ、考証学や朱子学の伝統を保守していた人々の間にも少なからぬ変化が生まれている。

いま、そのことについて、この伝統保守の側に立つ人々のうちから張之洞《ちょうしどう》、兪樾《ゆえつ》、孫詒譲《そんいじょう》、厳復らを選んで述べてみたい。

張之洞は河北省南皮《なんひ》県の人である。数代にわたって地方官僚を出した家に生まれ、二七歳で進士となり、五年後には湖北や四川の学政をつとめ、さらに両広《りょうこう》総督や湖広《ここう》総督を歴任、光緒三三年（一九〇七）以後は入京して内閣大学士、軍機大臣となり清末の政界に重きをなした。

学問は朱子学を旨とし、儒教を伝統的な形で護持しようとした第一人者であり、「孔子尊重」「経書講読」の二つをもって国家を救済すべきことを提唱している。光緒三三年に建てた「存古《そんこ》学堂」はそうした意味で古典を保存し古聖王の教えを伝承してゆくことを目的としたものであった。主著「勧学篇」は彼のこの儒教擁護の精神を託した著述である。

しかし彼も眼前に押し寄せて来た西洋文明との対決をさけるわけにはゆかなかったので「中学（中国の学）を内学とし、西学（西洋の学）を外学とす。中学は身心を治め、西学は世変を治む」という立場を打ち出している。いわゆる「中学を体となし、西学を用となす」とする「中西《ちゆうせい》の会通《かいつう》」の主張である。かくして、彼は、もし聖人の心を体して政治を行なうならば、たとえ西洋の機械文明を利用しても聖人の徒であることの妨げにはならないと唱えている。

康有為らの説には、儒教を破壊するものだとして全面的に反対し、これを「乱臣賊子」と罵っている。また、当時の維新派・守旧派対立の風潮を憂えて「中国の禍は外にはなく内にある」と叫んでいる。

こうした一連のことがらからもわかるように実際家であった彼はいわば開明派であり、各地に学校を設けたり、新教育に力を注いで日本に留学生を送ったりしたほか、軍需・紡績の工場を作ったり、新しい軍を訓練したりするなど政治上にも多くの新生面を開いている。

同じころ、蘇州の西湖の湖畔に「兪楼」と称する書屋を構えて学名一世に聞え、張之洞と対比されて「南兪北張」とよばれた人は兪樾である。

兪樾は浙江省徳清県《とくせい》の人で号の曲園《きよくえん》で知られている。道光一八年（一八三六）に進士となり、太平天国の乱を平定した曾国藩《そうこくはん》の知遇を得て河南の学政になったが、のち官をやめて蘇州や杭州で書院の山長《さんちよう》として学を講じた。著述を好み、その成果は「春在堂全集《しゆんざいどう》」に収められている。春在堂とはその書斎の名であるが、これは科挙に応じたときの詩句に「花落春仍《なホ》在《り》」とあったのにもとづくと言う。

その学は王念孫《おうねんそん》、王引之《おういんし》の古典学を忠実に継承するものであり、清末における考証学の泰斗ともいうべき人物であった。

博覧強記の人で学術上多方面のことに関心を寄せたが、その学風は乾嘉期の考証学者が陥った考証のための考証という域をあまり出ることなく、むしろ学芸に遊ぶ趣きがあった（ただし晩年には公羊学にひかれたという）。

しかし、その代表作の一つである「諸子平議《しよしへいぎ》」は師である王念孫の「読書雑志」と相対し、名著の誉が高いものであるだけでなく、考証学のもたらした諸子研究の成果を集大成するとともに、諸子の学の思想的な面にも着目している点で新しさがある。

従来、戦国の諸子百家の著述は、「老子」「荘子」「孫子」「呉子」を除いては、いわゆる異端邪説として顧みられずにいた。その研究が緒についたのは清代に入って考証学が発展してゆく過程での経典研究の副産物としてであったともいえる。

兪樾の同時代人で彼に師事したとも伝えられる孫詒譲は浙江省瑞安《ずいあん》の人である。光緒一一年（一八八五）に刑部主事となったが、まもなく退任して学究となった。彼ははじめ公羊学者の門に入ったが、やがて兪樾らの影響で学風を転じて考証学の重鎮となった。

その著作で第一に注目されるのは「墨子閒詁《かんこ》」である。これはいうまでもなく諸子百家の一つである「墨子」の考証学的研究である。もともと「墨子」は古字古言が多い上に脱落している部分があり、解読しがたいものであった。その本文校定は、すでに乾嘉期に畢沅《ひつげん》らによって企てられているが、「墨子閒詁」はそれをうけついで見事に集大成の実をあげている。

「墨子」が読めるようになったのは、この書によってであるとされるが、民国に入ってから思想界では一時儒家の経典に代わる思想書として、にわかに「墨子」への関心が高まり、五四運動期の呉虞《ごぐ》のように大いに「墨子」を推奨する人も現われたが、その端は、孫詒譲の研究によって開かれていると言える。

著作で第二に注目されるのは「契文挙例《けいぶんきょれい》」である。これは当時あらたに学界の話題となりつつあった殷墟出土の甲骨文を組織的に研究したものである。

彼には他に金石文に関する著作もあるが、甲骨文の研究は、考証学の中で成果をあげてきていた金石文の研究を発展させて新方向を求めたものであり、それは民国に入ってから直接に羅振玉《らしんぎょく》や王国維《おうこくい》らに引きつがれ、新時代の古典研究や史学研究を導き出す上で大きな役割を果している。

厳復は福建省の侯官《こうかん》の人で「侯官の厳先生」と称されている。「厳先生」の「厳」には、その文章が厳密な表現のものであるという意味もこめられているという。彼は清末ことに戊戌の政変から辛亥革命までの一〇年間における西洋思想（西学という）紹介の第一人者であった。

彼は中国で最初の留学生の一人としてイギリスに渡り、グリニッジ海軍大学で航海術を学んだ。

しかし、中国を富強にするには、むしろ西洋の政治制度や思想を導入することが先決であると早くから痛感していたので帰国後はつとめて西洋思想の翻訳・紹介に尽力した。

訳出したおもなものはつぎの通りである。

『天演論《てんえんろん》』（*Evolution and Ethics*）　赫胥黎著（*J. H. Huxley*）

『群学肄言《いげん》』（*Introduction to the Study of Sociology*）　斯賓塞爾著（*H. Spencer*）

『群己権界論《ぐんこけんかいろん》』（*On Liberty*）穆勒約翰著（*J. S. Mill*）
『原富』（*Wealth of Nations*）斯密亜丹著（*A. Smith*）
『法意』（*De L'esprit des lois*）孟徳斯鳩著（*Montesquieu*）
『名学《めいがく》』（*Logics*）穆勒約翰著（*J. S. Mill*）
『名学浅説《せんせつ》』（*Primer of Logics*）耶方斯著（*W. S. Jevons*）

訳文は「厳先生」の名が示すように、理路整然たる名文をもって定評があり、しかも、厳密な思想上の考証を加えてあったので、ひろく世人の信頼を得て、一作ごとに多くの読者を獲得していった。

紹介されたものの多くはイギリスの功利主義関係の書物ではあったが、清末の知識人たちは、これらを通じて、はじめて西洋の精神文明に触れ、西洋諸国が単に機械文明においてだけ秀れているのではないことを理解するようになった。

なお、これらのうち、思想上に特に大きな影響を与えたのはハックスレーの「天演論」である。いうまでもなく、この書は、ハックスレーがダーウィンの進化論を社会学に導入したものであるが、そこに見られる「優勝劣敗」「適者生存」の社会原則は、西洋列強の侵略の前に植民地化の危機にさらされていた清末の中国の現状に照らして、人々に深刻な感銘を与えるものとなった。そうしてこの訳書の中にある「物競《ぶつきょう》」(生存競争)、「天択」(自然淘汰)などの術語は、たちまちのうちに若い人々の間の流行語や新聞の常用語となり、さらには革命家のスローガンにまでなったといわれている。のちに文学革命の中心人物となった胡適の名である適も「適者生存」からとられたものである。

また、さきに述べた康有為の大同書などに見られる史観には、厳復の訳書を通じて、「進化論」の影響があることが指摘されている。

そのほか、厳復の訳書に随所に見られる「自由」「平等」「権利」等の語も、人々の間に旧来の学問になかった新しい概念を、つぎつぎともたらすことになったものである。

清末から民国初めにかけて紹介された西洋思想のおもなものは、このほかに、李石《りせき》曾《そう》によるクロポトキンの思想、王国維《おうこくい》によるカント、ショーペンハウエルの哲学、胡適によるデューイらのプラグマティズムなどがあり、いずれも社会的にある種の影響力をもったと考えられる。

現代の思想

中華民国成立前後の思想家として注目されるのは章炳麟《しょうへいりん》である。彼は、孫文、黄興《こうこう》と並んで「革命の三尊」と称されているが、その主張の中心をなすものは「種族革命」論である。

彼は満州族の王朝である清廷を倒し漢民族の政権を回復せよと唱え、革命団体「光復会」を組織してその首領となった。いわゆる華夷《かい》思想に基くこの革命論は康有為《こうゆうい》らの保皇《ほこう》主義（清王朝の下での改革）に反対するとともに、孫文らの市民革命的な考え方とも方向を異にするものであった。

したがって、彼の思想は清末における知識人の「滅満興漢《めつまんこうかん》」の意識を鼓舞する上では大きな力を発揮したが、民国時代に入ってからの急激な思潮の変化にはついてゆくことができなかった。

孫文との対立が表面化したのち、彼はむしろ、学究として復古的な学術研究に没頭した。

すなわち、彼は革命を唱えながらも、固有の道徳を守ることにはきわめて熱心であり、「国故《こっこ》の整理」（古典の保存）を唱え、中国固有の学術を「国学」と称して「国学概論」「国故論衡」等の書物をあらわしている。また、清初の顧炎武《こえんぶ》の学風を慕い、炎武にならって、みずから太炎《たいえん》と号している。その学術上の立場で特色とすべきことは諸子学を重んじ、これを儒学と同列に扱おうとしていることである。

つぎに、民国初頭の思想界で盛んに議論された問題は「孔教《こうきょう》」に関することである。この「孔教問題」の発議者は、当時、孔教会なるものを結成して孔教つまり孔子の教えを国教にせよと叫んでいた康有為である。

時あたかも憲法制定の問題があり、憲法にこれを明文化しようとして運動が行なわれたのである。帝政復活の野望をもつ袁世凱がこの運動を利用しようとしたことから事態はますます複雑化したが、これに対する反撃の急先鋒となったのが陳独秀である。彼は一九一五年（民国四年）に上海で「青年雑誌」（第二巻から「新青年」と改称）を創刊し、この雑誌に拠《よ》って果敢な反対論を展開した。

この「打倒孔子」にはじまる彼の主張はやがて中国固有の道徳である「礼教《れいきょう》」一般への懐疑へと進み、それが社会的なひろがりを見せてついにいわゆる倫理革命へとつながってゆくのである。

陳独秀の武器はデモクラシーとサイエンスであった。そうして、彼は「孔子の教えは、かつての封建制度の社会に適しても民主共和の現代には合しない」といい、礼教を排撃して、「忠孝と節義は奴隷の道徳だ」と論じている。

彼の主張に呼応して登場したのは、のちに北京大学の教授となった呉虞である。彼には魯迅の「狂人日記」を読んで書いた「吃人礼教《きつじん》」等の論文があり、それらには、孔子へのはげしい罵倒が述べられている。なお、このころ、家族制度の破壊、婦人の解放、纏足《てんそく》の排斥等をスローガンとする「天足会《てんそくかい》」の設立もある。

ところで、民国初期において倫理革命と関連して注目されるのは文学革命とそれにともなう五・四運動である。

文学革命は一九一七年（民国六年）に胡適が「新青年」の一月号に寄せた「文学改良芻議《すうぎ》」と、陳独秀がそれをうけて二月号に発表した「文学革命論」とによってひきおこされた運動である。

「文学改良芻議」の要旨は八不《はっぷ》主義といわれるつぎの八カ条の主張から成る。

(1)内容のあることを書け　(2)古人をまねるな　(3)わからぬ文を書くな　(4)理由もなく感動するな　(5)使い古した熟語を使うな　(6)故事を用いるな　(7)対句にこるな　(8)俗字・俗語を避けるな

「文学革命論」はこの主張を支持して「貴族文学、古典文学、山林文学を打倒して国民文学、写実文学、社会文学を樹立しよう」と提案するものである。それは、端的に言えば、白話《はくわ》文学運動（白話とは俗語のこと）と言われるように旧来の型にはまった発想法や表現形式を捨てて、口語による新文体・新文学を創造しようとするものであり、史上久しく君臨してきた旧文化への文学の面からの総攻撃の号令でもあったのである。

この号令に応ずるかのように、いちはやく新文学を実践し、白話によって反儒教の精神をうたいあげ、思想の解放と表現の解放とが切り離せないものであることを示したのが魯迅の「狂人日記」である。

「狂人日記」は一九一八年（民国七年）五月「新青年」に掲載された。このなかで魯迅は、被害妄想の狂人の言葉を借りて、経典の行間には「吃人」（人を食う）という文字がつめこまれていると叫ばせるなど、痛烈な口調で旧社会の偽善と礼教の害毒とを攻撃した。

この作品の最後は「救々孩子《ハイズ》」（子供を救え）で結ばれている。これは、まだ人を食ったことのない子供、すなわち旧道徳に汚染されていない青年たちに、大人たちと同じほろびの道を歩ませるなという警告である。

この年、このように高まりを見せた文学革命も、翌一九一九年（民国八年）にいわゆる五・四運動が起こると、やがてその中に吸収されていった。

五・四運動は、中国の反帝国主義運動であると規定される政治運動であるが、その展開の過程で、当時ひろがりつつあった諸種の新文化運動を巻きこんでいった。この運動は、ひろく知識人一般に衝撃を与え、彼らの社会的、人間的自覚に大きな変化を生じさせた。そうしてそれはまたロシア革命後の社会主義思想を導入する基盤ともなり、のちの「新民主主義革命」を準備するものともなったとされている。

ところで、さきの倫理革命が導き出したいま一つのものは、学術界における疑古の思潮である。

打倒孔子を叫んだ陳独秀が学術上の三戒として「聖を尊ぶなかれ」「古を尊ぶなかれ」「国（粋）を尊ぶなかれ」と説いているが、民国初期の学術界には、こうした主張に沿って、過去の一切の権威を恐れることなく、かつて聖域化されていた経典や古聖王の伝説などに大胆な学問的批判を加えてゆこうという思潮が生まれた。ふつうこれを「疑古《ぎこ》の思潮」とよび、その思潮の中で活躍した人々を「疑古派」と名づけている。

疑古派を代表する人物は銭玄同《せんげんどう》、顧頡剛《こけつごう》らである。彼らは主として古代史の研究にたずさわり、「新歴史派」ともよばれているが、清朝考証学の残した多方面にわたる研究成果と精到周密な考証技術とを積極的に摂取している点で「新考証学派」と考えてもよい。

思うに清朝考証学は、実証を通じて事実を明らかにするという範囲内では方法的に学問的であったと言える。しかし、彼らが明らかにしようとした事実はあくまでも儒教の本来の精神であり孔子が説いたと考えられる事柄であった。

したがって彼らの立場は、宋学や明学によって儒家の道が失われたとし、経典の神聖さが侵されたとするところにあった。彼らと宋学や明学との対立は、いわば儒家内部での争いである。

彼らは今日の意味での真理の探求者ではなかった。彼らの立論はつねに経典に依拠しており、そこから離れることができなかった。奔放なまでに時勢に対応しようとした公羊《くよう》学者の康有為ですらそうであった。また彼らは文献の考証には長じていたが、その文献の背後にある思想を取扱う上での素養においては欠けるものがあった。つまり思想を文字の異同の上で比較するだけであって、それを生み出した社会との関連の上で考えることの必要性が自覚されていなかったのである。

しかし、ここに台頭した疑古派の人々はもはや儒者ではなく、みずから史学の学徒をもって任ずる人々であった。彼らには「聖経擁護」とか「孔子の道」とかいうことは関係のないことであった。また、彼らには「反朱子学」「反今文学《はんきんぶん》」という「門戸《もんこ》の見」(学派的偏見)もなかった。

彼らの多くは民俗学や社会学に興味をもち、そうした見地から古典を検討して古代文化を再構成したいと志していた。

したがって彼らにとって「古書は古史の一部」にすぎず、儒家の経典も古帝王の伝説も古代文化の資料としてのみ取扱われることになった。

彼らの仕事には一種の偶像破壊のよろこびがあった。顧頡剛は自伝の中でそのことに触れて「私の心には何の偶像もない。私は自分の信じるままに活発な理性によって公平な判断を下すことができる。これは非常に楽しいことである」と述べている。

もちろん彼らの研究法とその成果には一定の限界があるが、少なくとも彼らは、純然たる学問的関心から出発して自由に古代文化を研究しようとした人々であった。その意味で彼らの研究は、中国史上はじめて現われた学問的研究であり、学問の名に値いする学問だったと言ってよいだろう。

疑古派の研究成果は「古史弁」七冊に収められている。その第一冊は一九二六年(民国一五年)に出版された。そのはじめに載せられた顧頡剛の「自序」は「古史弁自序」の名でよく知られている。それは彼の学者としての自叙伝であり、彼自身の日付によると一九二六年に書かれたものとなっている。この自叙伝は民国初期に知識人がどういう学問的社会的状況に置かれていたか、またそうした状況の中からどのようにして近代的な思想や学問に目を開いていったかを克明に物語っている。

彼らは、その古代研究を「弁偽《べんぎ》」（真偽を弁別する）ともよんでいた。そうして、この弁偽の系譜を史上にたどって歴代の思想家や学者の中から弁偽に力を尽した人々の業績を発掘してゆくことにも努めている。

たとえば、姚際恒《ようさいこう》の業績が世に紹介されるようになったのも彼らによってである。彼らはそうした先人の業績を集めて「弁偽叢刊」五冊を刊行している。第一冊が出たのは、一九三三年（民国二二年）である。（これらは一九五五年に「古籍考弁叢刊」と改称して再版されている。）

ここで再び政治思想の推移を見てみると、まず第一にあげられるのは、孫文の三民主義である。

三民主義は、一九〇五年（光緒三一）、孫文が東京で中国革命同盟会を結成したときに唱えたものであるが、ふつうには一九一九年（民国八年）、彼が再び同志を集めて中国国民党を組織した際、党の綱領としてかかげた、民族、民権、民生の三主義をさす。そうしてそれは一九二四年（民国一三年）、国民党が共産党を包含して組織がえしたとき、さらにあらたな解釈と定式化が試みられている。

三民主義の第一にかかげられた民族主義は、中国を植民地化しようとしていた列強の脅威を自覚し、諸外国の勢力に対し、民族の独立と尊厳とを主張するものである。国内的には、いわゆる漢・満・蒙・回・蔵（蔵はチベット族）の五族の協和を説いており、章炳麟らの種族革命論や滅満興漢の思想などと異るものとなっている。

民権主義は、基本的にはアメリカ流の共和政体の民主政治を意図するものであるが、それらは五権憲法という形で主張されている。五権とは、立法、司法、行政、考試（国家公務員試験）、監察（行政監察）の五つの権能をさし、五権憲法とは、これら五権の分立を基本とした憲法をいい、将来の憲法はそうあるべきだと論じたのである。

民生主義とは本来「社会主義」という言葉の中国語訳であり、そこには資本の抑制、地権の平均など、社会主義的見地からの民生の安定策が説かれている。

一九三三年に発表された憲法草案初稿第三四条には、「三民主義は中華民国国民教育の根本原則とす」と規定してあるが、三民主義はのちに毛沢東の「新民主主義論」が書かれるころまでの間、現代中国における社会変革の思想として、もっとも指導的な役割を果したものであった。

一九四九年、中華人民共和国が樹立されたとき、毛沢東はこれを三民主義の完成だと言ったが、この三民主義に代わる「新民主主義革命」の理論を集大成し、かつ体系化したものが、彼の「新民主主義論」である。

この論文が書かれたのは一九四〇年である。そのなかで毛沢東は当時の中国の社会を分析して、「植民地、半植民地、半封建」の状態にあると規定し、これを革命によって変えるには、共産党の指導がなければ不可能だと言っている。またその革命の実質については、それを農村革命であり農民戦争であるとして、都市の解放に優先して農村の解放に当るべきことを力説している。

言うまでもなく「新民主主義論」は、マルクス主義を導入してはじめて成り立つものであり、市民革命の色濃い三民主義とは明らかに立脚点を異にするものであったが、毛沢東は三民主義に一定の評価を与え、そこに新民主主義的解釈を加えることで、これを継承するために大きな努力を払っている。

この「新民主主義論」は、いわゆる毛沢東思想の基本として抗日戦争中の困難な時期を通じて革命の指導理論となり、共産党による中国統一の有力な武器となったものである。

なお、いわゆる毛沢東思想の哲学的基礎を明らかにしたものには、「実践論」と「矛盾論」とがあり、それらはいずれも一九三七年に書かれている。

最後に現代中国における国語改革の推移についてふれておきたい。

上代の思想の部分で述べたように書物の形をとって現在に伝わる中国の文化は限られたごく一部の知識階級の作り出した文化であり、今日一般に考えられるような広汎な民衆を基盤として生まれたものではなかった。もちろんすでに見てきたように時代が下るとともに文化階層に変動があり、知識階級の層もひろがってはいったけれども、なおその絶対数は全体にくらべて僅少であったというほかはない。

現代に入ってからは国民教育の面で、ヨーロッパや日本にくらべての立ち遅れが強く自覚され、国家の事業として教育の普及が企てられ、その前提として国語の改良が各方面で種々考案された。たとえば、「注音字母《ちゆういんじぼ》」の制定、常用字の制限、「ラテン化新文字」の採用などがそれである。また、さきにものべた白話文学運動などによる知識や文化の大衆化も併行して進められていた。

しかし、不幸にして政情不安に伴う国内の経済的社会的条件はきわめて劣悪であり、人々の多くの努力にもかかわらず、その成果は十分にあげられなかった。このため、一九四〇年代においてさえも、全人口中に占める文字の読めない人の割合は、都市部で七〇~八〇%、農村部で八〇~九〇%だったと言われている。

そこで一九四九年に中華人民共和国が成立すると、その年の一二月に教育部によって、第一回全国教育会議が招集され、その席で労働者や農民の文化水準を高めるために、ぜひとも「識字教育」を推進しなければならないことが確認された。

かくして、まず、一九五五年には北京語音を標準とする「普通話《ぷーとんほわ》」を民族共通語とすることが定められ、翌五六年には漢字の字画の大幅な簡略化を断行する「漢字簡化方案」が、五八年には新しい字母として用いられるべき「拼音《ぴんいん》」について規定した「漢語拼音方案」が公布されている。

これら一連の教育普及運動は、いまや政府の強力な指導の下に着々と進められており、大衆を基盤とした文化もしだいに生まれようとしている。

ところで、新文化の創造に当たって中国の将来に横たわる重要な問題は、自国の上代以来の文化をいかに継承するかということであると考えられるが、その際、中国民族が第一になすべきことは、何よりもまず、その古典文化がどのようなものであったかを、正しい学問的方法によって虚心に明らかにしてゆくことである。

思うに、その認識の過程で無用な政治的配慮が加えられるべきでないのは言うまでもないであろう。

あとがき

過去に出た概説書は、ほとんどが研究者向けのものであり、近年のいわゆる中国物には時代や読者に迎合することが啓蒙であるかのように考えているものが少なくない。そこで、正確でわかり易い〝中国思想史〟を世に送ることの必要性は前から痛感させられていた。しかし、通史を書くことは、むずかしいことなので、執筆の依頼を受けてからもなかなか筆ははかどらなかった。

この間、「時間がかかっても、よいものができればよいのですから」と、根気よく待っていて下さった社会思想社の方々、ことに担当者として終始いろいろと行届いた配慮をしていただいた大木さわ子さんに厚く御礼を申し上げたいと思う。

なお、参考文献としてあげた著書・論文は、いずれも、この本を書く上で、益を受けたものであり、それらの説を継いで書かれている部分もあることを記しておく。

昭和四六年一二月八日

文庫版著者あとがき

この本は一九七二年（昭和四七年）に社会思想社の「現代教養文庫」の一冊として刊行された。当時、私は母校の早大文学部の教授に昇任したばかりの年で、人生経験も浅く学問に精通しているとは到底言えない頃だった。編集者に「頑張って下さい」と言われ、その気になって勢いよく書き上げてしまった。

幸い学界からも世間からも温く迎えられ版を重ねることができ、二〇版になろうとしていたが、不幸にも良心的出版社であった同社が出版界から姿を消すことになり、その後は本書も長く古書店の文庫の棚に空しく散見されるのみになってしまった。

あれから五〇年、当時四〇歳になったばかりの私も九五の坂を越す年になってしまった。このたび忽然と「ちくま学芸文庫」の一冊に入れて下さるとの話、文字通り青天のヘキレキの感を禁じえない。しかし改めて読み返してみると権威に媚《こ》びたり時代に迎合したりしているところがないのが救いである。各時代の情勢や思想の動向の分析と説明には丁寧に努力している。ただこの間、学界は大きく進歩し、とくに近年は出土資料が次々と現われてその分析と利用とは大いに成果が挙っている。本書も時代に取り残されるのを禁じえない。改めて最新の秀れた参考文献を列挙して読者の便に供したのはそのためである。

旧著には誤植も少なくなく恥かしい限りであるが、優秀な筑摩書房の校閲部の方々が精査して誤植一掃を達成して下さったことは感謝のほかはない。

刊行に当っては編集局「ちくま学芸文庫」の天野裕子氏が親切に行き届いた十分な気くばりをして下さった。老人にとっては何よりうれしいことであった。最後に学界著名の大阪大学名誉教授の湯浅邦弘先生が本書のために推薦の言葉を執筆して下さること冥利に尽きるおもいである。

二〇二四年八月　村山吉廣

文庫版解説　時代を超えてよみがえる教養の書

湯浅邦弘

本書は、昭和四十七年(一九七二)に社会思想社の現代教養文庫の一冊として刊行された村山吉廣著『中国の思想』を、ちくま学芸文庫として再刊するものである。

中国思想史とは何か

中国三千年の思想史を対象とする本書は驚きの言葉で始まる。中国の古典や思想に興味を抱いている人は多いが、それらの「知識はおおむね不正確であり、時として大いに間違っている」と。

読者は意表を突かれるかもしれない。というのも、原著が刊行された頃、中国思想に関する本はすでにいくつか登場しており、中国通の読書人なら一定の知識を持っていると自負していたからである。

ただ、その知識は本当に中国思想の実態を正しくとらえたものだったのか。著者はなぜこうした言葉で語り始めるのか。そこで、少し歴史をさかのぼり、中国思想と我々日本人との関係をふりかえってみよう。

遣隋使・遣唐使が仏典や漢籍を持ち帰って以来、その教学の重要な担い手になったのは貴族や僧侶たちであった。戦乱の時代になると、これに武士も加わる。さらに江戸時代になって太平の世が続くと、漢籍を専門に教学する「儒者」「漢学者」が登場し、一つの職業として認知された。彼らは有力藩の藩校や私塾において漢文を教え、日本人の知的レベルを向上させる。『論語』に代表されるような人間論や道徳観念は、日本古来の心性にも合致し、漢文は外来の文化とは思われないほどに受容されていく。

しかし、幕末から明治維新になって洋学が入ってくると、急激な西洋化の中で漢学は衰退を余儀なくされる。西洋の大学や学問体系をモデルに、人文学も哲学・史学・文学などに再編され、それまでの「総合的知」であった漢学は、細分化されていった。

こうして出発した近代的学問の中で、中国思想の研究は、どのように位置づけられたのか。「中国思想」という名称は、古くからあったものではなく、近代人文学の形成とともに生まれてきたものである。それまでこの分野の学問は「漢学」と呼ばれ、それを教学する者は「儒者」あるいは「漢学者」と呼ばれてきた。その主たる材料が「漢籍」である。

この漢籍には、中国思想・文学・歴史はもとより、医学、天文学、経済学など、あらゆる「知」が含まれていた。それが次第に解体され、漢学は「哲学」や「文学」の一領域となる。江戸時代までの漢学は道徳の修養を目的とし、「読書百遍意自ずから通ずる」式の学習を基本としたが、近代人文学はそれを脱し、科学として再編されるようになったのである。また、西洋哲学の強い影響を受け、古代中国にもそれに匹敵するような「哲学」があったとして「中国哲学」という名称も起こってきた。

ただ、いずれにしても、これは中国思想史の実態を逸脱する恐れがあった。道徳や政治のために読む漢文は、はたして思想の実相をとらえているのか。中国には本当に古くから「哲学」があったのか。こうした疑問と反省も起こってくる。

総合的知を大切にする

著者の憂いは、こうした時代の変化を受けて、当時の人々がまだ充分に自覚していなかった危険性を指摘するものだったと言えよう。

それでは、著者は、その問題をどのように解決しようとしているのか。まずは、旧来の漢学が持っていた総合的知を充分に受け止め、また決して単純な道徳論や政治論として思想史を語らないという点である。近代的科学として再編された中国哲学では、徐々に専門化が進み、時代ごと、学派ごと、人物ごとの研究は進展したが、思想史全体を俯瞰するという壮大な試みはなされなかった。読者だけではなく、研究者自身が総合的な知見を失っていったのである。

そうした中、著者が「漢学」の長所である総合的知を維持できたのはなぜだろうか。もちろんそれは著者の教養と努力と探究心によるのであろう。本書『中国の思想』以外にも、著者には、中国の思想・文学・歴史に関する多くの著作がある。加えて、著者が長く奉職された早稲田大学が、漢籍に対する優れた伝統を持っていたことも一つの要因なのではなかろうか。

明治維新後の急速な西洋化により漢学は衰退するが、明治の中頃から、行き過ぎた西洋化に対する反省も起こってくる。そして明治時代の終わり頃には、漢学の復興を感じさせる大きなできごとが出版界に起こってきた。

第一は、「ポケット版」の登場である。小型の入門書で、現在の文庫本に相当するもの。それまでは書斎の机の上で読んでいた漢籍が小型化し、通勤電車の中でも読まれるようになった。

この頃、夏目漱石が朝日新聞に連載していた長編小説「門」には、主人公の同僚が「役所の往復に、電車の中で洋服の隠袋から菜根譚を出して読む男」と記されている。

実際に文庫本サイズの『菜根譚』も出版されており、漱石の記述はそれを踏まえたものである。明治末頃から中国古典が復活し、また読者層が広がった様子が理解されよう。

第二に、大部の漢籍シリーズの刊行である。一つは、『漢文大系』。明治四十二年(一九〇九)から大正五年(一九一六)にかけて中国古典の基本図書三十八種を全二十二巻にまとめ、それぞれ最も権威ある注釈とともに提供したもので、版元は東京神田の冨山房である。

これと双璧をなすのが『漢籍国字解全書』である。早稲田大学出版部が、明治四十二年から大正六年(一九一七)にかけて全四十五巻として刊行した。これは江戸時代の漢学者による漢籍注釈を基に、その解説、注釈を加えて講述したものである。執筆陣は早稲田大学の教授たちで、たちまち予約が殺到し、爆発的に売れたという。

これは明治末から大正初めのことであるが、そうした伝統は著者にも受け継がれているのではなかろうか。漢学の長所すなわち総合的知を継承し、それを平易に一般読者に提供するという姿勢が、この『中国の思想』にも表れている。

思想の枠組みと流れを示す

また、著者が懸念するもう一つの点について、本書はどのような姿勢を取っているだろうか。当時、近代的科学を標榜するあまり、西洋哲学のキーワードを安易に使って中国思想史を腑分けしようとする試みも確かにあった。例えば、古代ギリシア哲学に顕著な認識論や形而上学を古代中国にも求めようとするものである。確かに、中国でも、陰陽の二気で世界の法則を説明する易や、存在と認識の関係を追究した名家と呼ばれる思想家たちはいた。しかし、それらはむしろ例外的な現象で、多くの思想家たちにとって最も強い関心があったのは、現実の社会と政治であった。社会の構造や歴史の経緯が異なるのに、同じものを見いだそうとするのは、無い物ねだりだとも言える。

また、マルクス主義の歴史理論を使い、「唯物論」と「唯心論」の対立と超克によって中国思想史も展開するという説明も登場した。例えば、性善説を主張した孟子や心即理を説いた陽明学は唯心論的な思想家であるとして評価を落としたのに対して、合理的な思想を説いた荀子や法治を主張した韓非子は唯物論的であるとして評価があがるといった具合である。

しかし、本当に歴史はそのような単純な法則で推移したのか。あるいは西洋はそうだったとして、東洋はどうだったのか。冷静な分析が必要だったのは言うまでもない。これに対して、著者の『中国の思想』は、その根底に熱い情熱を抱きながらも、文章はきわめて冷静な筆致で貫かれている。借り物の尺度で中国思想を評価するようなことはしない。

全体は、時系列で章立てされており、従来の漢学が、儒教、特に古代では孔子、近世では朱子学を特別扱いしていたのとは異なり、「上代」では孔子とともに他の諸子百家にも充分な目配りをしている。その後、「漢代」、「六朝・唐代」「宋・明」「清代」「現代」という枠組みで思想史を語るのも、今では当然のこととして受け止められているが、実は、一般読者にこうした枠組みと思想史の流れを平易に提供したのは、この本が初めてだったのである。

時代と言語への注目

また本書の意義はこれにとどまらない。各章の初めには、それぞれ「時代の概観」が述べられている。これは、思想が「各民族の歴史の所産」であるからという著者の考えによる。例えば、「六朝・唐代の思想」では、ローマ帝国の東西分裂、キリスト教の台頭、日本への仏教伝来など、世界的視野で時代が概観され、この時代の中国で書画などの芸術が発展し、また科挙制度が始まったことなどが確認される。

従来の漢学では、こうした歴史状況は充分に踏まえられることなく、その思想だけを抽出して説明する傾向にあった。しかし、思想を人と歴史から切り離すことはできない。歴史の実情を受けて思想が形成され、また逆に思想が歴史を変えていくという相互関係を見逃してはならないだろう。本書はこのことを教えてくれるのである。

今一つの特色は、言語への注目である。著者は「中国人の物の考え方や見方がその言語生活と不可分の関係にある」と指摘する。これも、それまで充分に自覚されていなかった点である。なぜなら、漢字・漢文が日本に伝来した後、我々日本人の祖先は、漢字を基に仮名を発明し、また、漢文をそのまま尊重して、その脇に訓点を付けるという方法で読解してきたからである。漢字・漢文に古くからなじんできた結果、それが古代の外国語であったことを忘れてしまっていたのである。

だから同じ漢字を使っても、それに返り点・送りがなを付けて訓読みする日本と、そのまま中国語で発音する中国とでは、言語感覚に違いがある。またその違いは、著者の指摘する通り、物の見方や考え方の違いとなって表れる。こうした言語観はきわめて重要である。

原著の刊行から半世紀を経て本書が再刊される意義は、まさにこうした点にあるだろう。各章の内容とともに、その根底にある著者の教養や思いを感じることも大切である。

次の半世紀に向けて

では、原著が刊行されて以降の半世紀、中国思想史をとりまく環境はどのように変化しただろうか。動きの遅い人文学の研究でも、それなりに進展はある。それぞれの時代や人物について、研究は少しずつ深化している。中でも大きな変化が見られるのは、古代と現代ではなかろうか。

本書の「上代」と「漢代」に該当する時代の思想については、新資料の相次ぐ発見という衝撃的な事態が生じている。多くは古墓に副葬されていた竹簡類であり、二千年の時を経てタイムカプセルからよみがえったような資料である。古代人の生の声を聞くことができるとも言えよう。これらの新資料から、例えば次のようなことが分かってきている。

漢代に「儒教経典」として確立する以前のテキスト、具体的には、『論語』、『易経』、『詩経』、『礼記』などの一部が発見され、古典の形成過程が少しずつ明らかになってきた。

また、孔子以前にも、有力諸侯の中で、その歴史を教訓の書としてまとめる動きがあり、これが諸子百家登場の先駆として評価されている。

さらに、清貧の人として知られる顔回が政治に従事する際の心得を孔子に問うという文献も発見され、改めて孔子集団の強い政治志向が明らかになった。

これらの点は、本書と突き合わせながら、その意義をしっかりと考えてみる必要があろう。

次に、「現代の思想」はどうであろうか。本書のいう「現代」は原著刊行時点の現代であり、具体的には、中華民国成立前後から毛沢東による漢字政策推進期までである。刊行の年、中国はいわゆる「文化大革命」のまっただ中にあったが、その詳しい情報が日本に入ってくるのはまだ先のことであった。

また同年に発見された『孫子』兵法の竹簡、翌々年の一九七四年に発見された秦の兵馬俑などの情報も、その時点ではまだ分からなかった。

現代中国はその後も激動の歴史を刻んでいく。記憶に新しいところでは一九八九年の天安門事件、香港返還に伴う二〇一四年の動乱など。これらは古典的な中国思想とは無関係なのか、それとも古来の思想史の延長線上で理解できるものなのか。本書を手がかりに読者自身が推測してみることも大切であろう。

著者は最後に中国への期待を述べている。中華民族は何よりも古典文化の実態を正しく把握しなければならないと。そして、その過程に無用な政治的配慮が加えられるべきではないと。その言葉は今も重く響いている。

（ゆあさ・くにひろ　大阪大学名誉教授）

参考文献

本書を執筆するに当たって参考にしたものを中心にこのリストを作った。

比較的入手しやすいもののうち、管見の及ぶ範囲にあるものに留めたので、当然あげるべき秀れた論考がほかにも少なくないことを御承知いただきたい。

なお、『 』は単行本、「 」は論文である。

1 通史

武内義雄『中国思想史』（岩波全書）一九三六年初版・一九五七年再版　岩波書店

狩野直喜『中国哲学史』一九五三年　岩波書店

宇野精一『中国思想』（講談社学術文庫）一九八〇年　講談社

日原利国編『中国思想史』上・下　一九八七年　ぺりかん社

湯浅邦弘編著『概説中国思想史』二〇一〇年　ミネルヴァ書房

2　上代の思想

津田左右吉『論語と孔子の思想』(津田左右吉全集14*所収)　一九六四年　岩波書店
＊以下「全集」と略す
津田左右吉『道家の思想とその展開』(全集13所収)一九六四年　岩波書店
栗田直躬『中国上代思想の研究』一九四九年　岩波書店
武内義雄『諸子概説』一九三五年初版・一九五四年再版　弘文堂
出石誠彦『支那神話伝説の研究』一九四三年　中央公論社
池田末利「五行説序説―五材から五行へ―」一九六七年　広島大学文学部紀要
森三樹三郎『中国古代神話』一九六九年　清水弘文堂書房

3　漢代の思想

津田左右吉『儒教の研究』一・二(全集16・17所収)一九六五年　岩波書店
金谷　治『秦漢思想史研究』一九六〇年　日本学術振興会
栗原朋信『秦漢史の研究』一九六〇年　吉川弘文館
楠山春樹『淮南子』一九七一年　明徳出版社

安居香山・中村璋八『緯書の基礎的研究』一九六六年　漢魏文化研究会
冨谷　至『木簡・竹簡の語る中国古代』岩波書店　二〇一四年
阿辻哲次『漢字学――『説文解字』の世界』一九八五年　東海大学出版会

4　六朝・唐代の思想

宮川尚志『六朝史の研究』宗教篇　一九六四年　平楽寺書店
道端良秀『中国仏教史』一九五八年　法蔵館
塚本善隆『支那仏教史研究』北魏篇　一九四二年　弘文堂
津田左右吉『シナ仏教の研究』（全集19所収）一九六五年　岩波書店
荒木見悟『仏教と儒教』一九六三年　平楽寺書店
宇都宮清吉「顔之推のタクチクス」一九六八年　田村博士頌寿『東洋史論叢』所収
坂出祥伸『道教とはなにか』（ちくま学芸文庫）二〇一七年　筑摩書房

5　宋・明の思想

津田左右吉『儒教の研究』三（全集18所収）〝「大学」の致知格物〟〝朱晦庵の理気説〟
一九六五年　岩波書店

楠本正継　『宋明時代儒学思想の研究』　一九六二年　広池学園出版部
山下竜二　『陽明学の研究』上・下　一九七一年　現代情報社
岡田武彦　『王陽明と明末の儒学』　一九七〇年　明徳出版社
島田虔次　『朱子学と陽明学』（岩波新書）一九六七年　岩波書店
小島　毅　『宋学の形成と展開』　一九九九年　創文社
吉田公平　『日本における陽明学』　一九九九年　ぺりかん社

6　清代の思想

後藤基巳　「清初政治思想の成立過程」　一九四二年　漢学会雑誌10―2
村山吉廣　「明学から清学へ」　一九六四年　中国古典研究12（早大）
山井　湧　「明末清初における経世致用の学」　一九五四年　東方学論集1
西田太一郎　『明夷待訪録』（東洋文庫）一九六四年　平凡社
村山吉廣　「姚際恒の学問」上・中・下　一九五九～一九六一年　漢文学研究10～12（早大）
西　順蔵　「戴震の方法」試論　一九五五年　東京支那学報1（東大）
佐藤震二　「康有為思想の形成」　一九六八年　日本中国学会報20

小野川秀美　『清末政治思想研究』　一九六九年　みすゞ書房

7　現代の思想

福井康順　『現代中国思想』（早稲田選書）一九五五年　早稲田大学出版部
野村浩一　『近代中国の政治と思想』　一九六四年　筑摩書房
市古宙三　『近代中国の政治と社会（増補版）』　一九七一年　東京大学出版会
坂元ひろ子　『中国近代の思想文化史』（岩波新書）二〇一六年

	1905		孫文ら東京で「中国革命同盟会」を結成
	1909	宣統帝	
	1911		辛亥革命
現代	1912		中華民国成立
	1917		文学革命開始
	1919		五・四運動
	1921		魯迅「阿Q正伝」
	1925		孫文「三民主義」
	1936		日中戦争
	1937		毛沢東「矛盾論」
	1949		中華人民共和国成立

			顧炎武「日知録」
			姚際恒「詩経通論」
			閻若璩「尚書古文疏証」
	1724	世　宗	
			「古今図書集成」
			考証学隆盛にむかう
	1747	高　宗	
			恵棟「易漢学」
			江永
			戴震「孟子字義疏証」
			漢学流行
	1788		公羊学派起る
			荘存与
	1796	仁　宗	
			段玉裁「説文解字注」
清	1829	宣　宗	劉逢禄「公羊何氏釈例」
			王念孫「読書雑誌」
			王引之「経伝釈詞」
	1840		アヘン戦争
			龔自珍「公羊決事比」
	1842		南京条約
	1850		太平天国の乱
	1856	文　宗	
			魏源「海国図志」
	1864	穆　宗	洋務運動おこる
	1881	徳　宗	
	1894		日清戦争
			変法運動推進される
	1897		康有為「孔子改制考」
	1898		戊戌政変
			譚嗣同「仁学」
	1899		義和団の乱

	1107	徽　宗	程頤「易伝」
南宋	1175	孝　宗	朱熹「論語集注」
			宋学の成立
	1192	光　宗	陸九淵
		理　宗	蔡沈「書経集伝」
	1279	恭　宗	南宋滅亡
元	1281	世　祖	
	1296	成　宗	王応麟「困学紀聞」
	1315		朱子学、官学となる
		順　帝	
明	1368	太　祖	
			宋濂「諸子弁」
	1408	成　祖	「五経大全」「四書大全」「性理大全」成る
	1500	孝　宗	王陽明「致良知説」を唱える
	1527	世　宗	王学左派活動
	1547		羅欽順「困知記」
	1574	神　宗	
			王畿
	1601		マテオ・リッチ伝道を始める
	1602		李贄「焚書」
	1611		東林党・非東林党の争い
	1612		顧憲成
	1616		徐光啓「幾何原本」
	1633	毅　宗	
	1644	世　祖	
	1656		王夫之
	1662	聖　祖	
			黄宗羲「明夷待訪録」
			文字の獄

			皇侃「論語義疏」
	574		北周武帝の廃仏
隋	589	文　帝	顔之推「顔氏家訓」
		煬　帝	進士科を置く
唐	618	高　祖	禅宗栄える
			近体詩の成立
	627	太　宗	陸徳明「経典釈文」
			景教伝わる
			孔穎達ら「五経正義」を作る
	659	高　宗	玄奘「大唐西域記」
			マニ教・回教伝わる
	712	玄　宗	李白・杜甫
			安史の乱
			韋応物・白楽天
	812	憲　宗	韓愈「原道」
			李翺「復性書」
五代			
北宋	960	太　祖	文治主義
			「太平広記」「太平御覧」成る
			一切経刊行
	1038	仁　宗	
			范仲淹
	1068	神　宗	王安石の政治改革
			欧陽修
			周敦頤「太極図説」
			宋学の形成はじまる
			張載「西銘」
			司馬光「資治通鑑」

			讖緯説盛んとなる
	6	哀　帝	仏教伝来？
新	A・D 9	王　莽	楊雄「法言」「太玄」
後漢	25	光武帝	桓譚「新論」
			訓詁学台頭
	88	和　帝	王充「論衡」
			班固「漢書」
	110	安　帝	今古文の争
			許慎「説文解字」
	166	桓　帝	馬融
			何休「春秋公羊解詁」
			五斗米道・太平道起こる
			黄巾の乱
	200	献　帝	鄭玄「毛詩鄭箋」
三国	220		清談と玄学盛んとなる
			何晏「論語集解」
			王弼「老子注」
西晋	297	恵　帝	陳寿「三国志」
	311	懐　帝	郭象「荘子注」
東晋	363	哀　帝	葛洪「抱朴子」
	385	孝武帝	道安
			慧遠、白蓮社を作る
			鳩摩羅什
南北朝			法顕「仏国記」
			北魏、仏教を弾圧
			寇謙之、道教を整備
			沈約「四声の説」
			范縝

中国思想史略年表

時代	西暦	帝王	事　項
殷	B・C 2000		彩陶文化
	1700		黒陶文化
	1400		殷墟の甲骨文字の出現
	1100		殷の滅亡　金石文字の出現
西周	770	平　王	都を洛邑に移す
東周（春秋）	550	敬　王	孔子？
	400		墨子
			楊朱　公孫龍
（戦国）	300		孟子「孟子」
			「老子」（？）「春秋」（？）「尚書」（？）「詩経」（？）
	250		荀子「荀子」「論語」（？）「左氏伝」「呂氏春秋」
			韓非子「韓非子」
秦	221	始皇帝	陰陽説
			五行説
前漢	202	高　祖	黄老思想の流行
	179	文　帝	「荘子」（？）
	140	武　帝	董仲舒の意見により五経博士を置き儒教を国教と定める
			劉安「淮南子」
			司馬遷「史記」
			天人相関思想流行

く)……………………………223-224
孟子…11, 22, 31, 33, 41, 44, 54, 57, 62, 71-75, 77, 79, 126, 161, 175-176, 182
「孟子字義疏証」(もうしじぎそしょう)……………………216, 229
毛沢東(もうたくとう) …258-259

ヤ行

唯識宗(ゆいしきしゅう) ……160
兪樾(ゆえつ) ……………241-244
姚際恒(ようさいこう)…211, 216-217, 221, 225, 227-229, 257
楊朱(ようしゅ) ……23, 54, 71, 90
養生説(ようせいせつ)…91-92, 94

ラ行

「礼記」(らいき)…96, 113, 122, 182, 190, 226, 239
羅振玉(らしんぎょく) ………245
羅念庵(らねんあん) …………199
理気説 …………176, 178, 216-217
陸象山(りくしょうざん)……192, 198
李翺(りこう) …………………161
李時珍(りじちん) ……………173
李卓吾(りたくご)…173, 200-204, 213
廖平(りょうへい) ……………237
「呂氏春秋」(りょししゅんじゅう) ………………91-92, 95, 105, 154
礼楽説(れいがくせつ)…74-75, 80, 106
老子…22-23, 34, 37, 48-51, 53-56, 62-63, 80, 84, 86-87, 104, 140, 152
老子出関…………………………52
「論語」……28-35, 38-39, 43-47, 51, 53, 55, 71, 117, 143, 181, 226, 231
「論衡」(ろんこう) ……………125
「論語集解」(ろんごしっかい) ………………………………143

注音字母(ちゅういんじぼ) …260
中西の会通 ……………………242
注疏(ちゅうそ) ………………158
「中論」 ……………………………147
張横渠(ちょうおうきょ)……169, 184, 224
張之洞(ちょうしどう) …241–242
張陵(ちょうりょう) …………153
致良知説(ちりょうちせつ) …195
陳独秀(ちんどくしゅう)……251–252, 254
程伊川(ていいせん)……170, 175–176, 179, 181, 184
「鄭箋」(ていせん) ……………123
程明道(ていめいどう)…170, 175–176, 184
「天演論」(てんえんろん) ……246
「天下郡国利病書」(てんかぐんこくりへいしょ)…………222–223
天師道(てんしどう) ……153, 155
伝習録(でんしゅうろく)……193, 199
天人相関説(てんじんそうかんせつ)……………126–127, 129
天台宗 ……………………160, 170
道安 ……………………146–148
童心説 ……………………………201
「道蔵」(どうぞう) ……………170
董仲舒(とうちゅうじょ)……111, 116, 234, 236
道統(どうとう)……161, 175–176, 182, 190
東林学派 …………………212–214
「読書雑誌」 ………………230, 243

ナ行

「日知録」(にっちろく) …219, 222
二程子(にていし) ………170, 186
「日本乞師記」(にほんこつしき) ……………………………218

ハ行

白馬非馬論(はくばひばろん)…89
馬端臨(ばたんりん) ……214–215
「白虎通」(びゃっこつう) ……118
復社(ふくしゃ) ……213, 221, 223
「復性書」(ふくせいしょ) ……161
文学改良芻議(ぶんがくかいりょうすうぎ)……………………252
文学革命 ……………247, 252–253
文学革命論 ……………………252
文献通考(ぶんけんつこう) …215
焚書坑儒(ふんしょこうじゅ) ……………………103, 105
「抱朴子」(ほうぼくし) ………154
墨子……………23, 54, 77–80, 90
「墨子間詁」(ぼくしかんこ) …78, 244
「本草綱目」(ほんぞうこうもく) ……………………………173

マ行

「矛盾論」(むじゅんろん) ……259
「明夷待訪録」(めいいたいほうろ

117, 226, 234, 236, 239
書院 ……………………212, 243
「小学」 ……………………184, 228
鄭玄(じょうげん) …30, 120, 122–124, 157, 234, 238
邵康節(しょうこうせつ) ……170
「尚書古文疏証」(しょうしょこぶんそしょう)……………………227
章炳麟(しょうへいりん) ……250
「諸子平議」(しょしへいぎ) …243
「諸子弁」 ……………………215–216
時令の思想(じれいのしそう)…96
讖緯思想(しんいしそう) ……126
「新学偽経考」 ……………………238
「新青年」 ……………………251–253
心即理(しんそくり)……192, 195, 198, 201
新注……………………35, 191
清末公羊学派 ……………………233, 238
新民主主義革命 …………254, 258
「新民主主義論」 …………258–259
神滅不滅の論 ……………………149
「新論」 ……………………125
性悪説(せいあくせつ) ……74, 84
性善説 ……………………71–72
清談 ……………………144–145
「聖武記」(せいぶき) …………235
性理学 ……………………170
「世説新語」(せせつしんご) …135
「説文解字」(せつもんかいじ)……………………121–122
「説文解字注」 ……………………229
節用説……………………80
禅宗 ……………………140, 170, 212
全真教(ぜんしんきょう) ……170
全性保真(ぜんせいほしん)……65, 67, 69
荘子(そうじ)……22–23, 62, 64–65, 67, 87, 146
「楚辞」(そじ) …………24–25, 101
宋濂(そうれん) …………215–216
孫詒譲(そんいじょう)……78, 244
「孫子」……………………84, 86–87, 243
孫文 ……………………250, 257
存養(そんよう)……179, 181, 184, 188–190, 195

タ行

「大学」………34, 161, 181–182, 189
「太極図説」(たいきょくずせつ)……………………186
泰州学派 ……………………200
戴震(たいしん) ……216, 228–231
「大蔵経」(だいぞうきょう) …170
戴段二王の学 ……………………228
大同思想(だいどうしそう) …239
「大同書」 …………238–240, 247
太平道 ……………………152–153
托古改制(たくこかいせい) …239
段玉裁(だんぎょくさい)……228–229, 231, 236
智顗(ちぎ) ……………………160
知行合一(ちこうごういつ)……………………194, 197

「高僧伝」……………………………151
公孫龍(こうそんりょう)………88
康有為(こうゆうい)……233, 236, 238–240, 242, 247, 250–251, 255
黄老思想 …………………………104
顧炎武(こえんぶ)…211, 213, 216–219, 221, 223–224, 250
「五経正義」………………158–160
五行説(ごぎょうせつ)……94, 96, 107, 119, 127
五経博士 ……………111, 116, 157
国故整理(こくこせいり) ……250
顧頡剛(こけつごう) …………256
顧憲成(こけんせい) ……212–213
「古今偽書考」…………………226
五・四運動 ………………252–254
「古史弁」………………………256
胡適(こせき) ……………247, 252
古注……………………34, 143, 191
五斗米道(ごとべいどう) ……153
古文 ……………117–118, 171, 234
「困学紀聞」(こんがくきもん)
……………………………………216

サ行

崔述(さいじゅつ) ………228, 231
「崔東壁遺書」(さいとうへきいしょ)…………………………231
「左伝」………………21, 234, 238
三綱領・八条目 …………………182
三世説(さんぜいせつ) ………239
三民主義 …………………257–259
三論宗 ……………………………147
識字教育(しきじきょういく)
……………………………………261
「詩経」……24–25, 34, 117, 123, 226, 231
「詩経通論」……………226–227
「四庫全書」……………………220
「詩集伝」………………123, 227
四書……34, 122, 181–182, 184, 191
「四書集注」(ししょしっちゅう)
……………………………………182
至人(しじん) ………………63, 68
実事求是(じつじきゅうぜ)…220–221
「実践論」………………………259
「沙門不敬王者論」(しゃもんふけいおうじゃろん)………148–149
修己治人(しゅうこちじん)…169, 183, 186
十翼(じゅうよく) ……………109
周濂渓(しゅうれんけい)……184, 186
朱子……35, 123, 166, 169–170, 173, 175–179, 181–187, 189–192, 194–196, 212, 214–215, 227, 229
「朱子文集」……………………184
種族革命論 ………………………258
荀子(じゅんし)…31, 33, 44, 54–55, 62, 73–77, 80, 82, 84, 86, 88, 90, 92, 111, 128
「荀子集解」………………………74
「春秋」…20–21, 34, 111, 113, 116–

「勧学篇」……………………………241
顔元(がんげん) …………221, 225
「顔氏学記」……………………225
顔師古(がんしこ) ………158–159
桓譚(かんたん) …………124–126
韓非子………………77, 81–85, 103
韓愈(かんゆ) …161–162, 171, 175
「幾何原本」(きかげんぽん) …174
魏源(ぎげん) ………233, 235–236
疑古派 ……………………254–256
気質の変化 …………177–179, 181
窮理尽性(きゅうりじんせい)
……………………………180, 195
龔自珍(きょうじちん) …233, 236
「狂人日記」………………252–253
許慎(きょしん) …………121–123
虚静無為(きょせいむい) …65–69
「近思録」…………………169, 184
今文(きんぶん) ……30, 116–118, 122, 234
鳩摩羅什(くまらじゅう) ……147
弘明集(ぐみょうしゅう) ……151
「公羊解詁」(くようかいこ) …234
公羊学(くようがく)……125, 233–241, 243–244, 255
孔穎達(くようだつ) ……158–159
訓詁学……100–101, 119–120, 123–124, 141–142, 157, 186
経学…100, 112, 157, 159–160, 191, 222, 230, 234
恵棟(けいとう)……228, 230–232, 234
経世致用の学 …………213, 218
「経伝釈詞」(けいでんしゃくし)
……………………………………230
「契文挙例」(けいぶんきょれい)
……………………………………244
兼愛説……………………79–80, 90
玄学 ………………141–143, 145
玄奘(げんじょう) …137, 140, 160
堅白異同(けんぱくいどう)……89
厳復(げんぷく)……240–241, 245, 247
胡渭(こい) …………………228
功過格(こうかかく) …………156
講学 ……………212–214, 223, 232
「康熙字典」(こうきじてん) …220
孔教問題 ………………………251
寇謙之(こうけんし) …………155
甲骨学(こうこつがく)…………19
孔子…11, 20–22, 24, 28–31, 33–47, 49–51, 53–55, 60, 63, 71–73, 76, 107, 109, 111–112, 116–119, 126–129, 175–176, 182, 235, 238–239, 241, 251–252, 254–255
「孔子改制考」…………………238
孔子問礼 ……………………50, 54
考証学…35, 188, 191, 206, 208–209, 211, 213–215, 217, 219, 220–222, 227, 230, 232, 234–235, 241, 243–244, 254–255
「考信録」………………………231
黄宗羲(こうそうぎ)……198, 213, 218–219, 221, 223–224

索　引

この索引は、本書に見える人名・書名・事項名のうち、主要なものを選び、五十音順に配列したものである。「　」内は書名。

ア行

為我説(いがせつ)……………………90
緯書(いしょ) …118, 123, 128–129
陰騭思想(いんしつしそう) …156
陰陽説(いんようせつ)……92–94, 96, 107, 109, 119, 127–128
慧遠(えおん) ……………147–149
易……106–111, 119, 127, 141, 143, 178, 224, 230
「易漢学」…………………………230
「易図明弁」(えきずめいべん) ……………………………228
「淮南子」(えなんじ)……105, 121, 154
閻若璩(えんじゃくきょ)……216, 221, 227–228
袁中郎(えんちゅうろう) ……203
王引之 ………………228, 230, 243
王応麟(おうおうりん) …214, 222
王学左派 ………199–204, 212, 216
王国維 ……………………245, 247
王充 ………………101, 124–126
王心斎 ……………190, 200–202
王先謙……………………………74
王道論………………………54, 71–73
王念孫 ………………228, 230, 243
王弼(おうひつ)…56–57, 142–143, 157
王夫之(おうふうし)……213, 218–219, 221, 224
「王文成公全書」………………193
王陽明……173, 192–193, 195–199, 201–202, 213, 236
王龍渓(おうりゅうけい)……199–200

カ行

何晏(かあん) ……………142–143
何休(かきゅう) ……120, 234–236
科挙…139, 159, 161, 169, 173, 188, 243
格義仏教(かくぎぶっきょう) ……………………145–146, 148
郭象(かくしょう)…………64, 142
格物致知(かくぶつちち)……195–196
河上公(かじょうこう)…………57
画像石 ………………………………101
葛洪(かつこう) ………………154
蝌蚪文(かとぶん)………………30
漢学派 ……………………231, 234

本書は一九七二年三月三〇日、社会思想社より刊行された。

空海入門 竹内信夫

空海が生涯をかけて探求したものとは何か——。稀有な個性への深い共感を基に、著作の入念な解釈と現地調査によってその真実へ迫った画期的入門書。

釈尊の生涯 高楠順次郎

世界的仏教学者による釈迦の伝記。パーリ語経典や漢訳仏伝等に依拠し、人間としての釈迦の姿を生き生きと描き出す。貴重な図版多数収録。（石上和敬）

キリスト教の幼年期 エチエンヌ・トロクメ 加藤隆訳

キリスト教史の最初の一世紀は、幾つもの転回点を持つ不安定な時代であった。この宗教が自らの独自性を発見した様子を歴史の中で鮮やかに描く。

原始仏典 中村元

釈尊の教えを最も忠実に伝える原始仏教の諸経典の数々。そこから、最重要な教えを選りすぐり、極めて平明な注釈で解く。（宮元啓一）

原典訳 **原始仏典（上）** 中村元編

原パーリ文の主要な聖典を読みやすい現代語訳で。上巻には「偉大なる死」（大パリニッバーナ経）「本生経」「長老の詩」などを抄録。

原典訳 **原始仏典（下）** 中村元編

下巻には「長老尼の詩」「アヴァダーナ」「百五十讃」「ナーガーナンダ」などを収める。ブッダのことばに触れることのできる最良のアンソロジー。

ほとけの姿 西村公朝

ほとけとは何か。どんな姿で何処にいるのか。千体を超す国宝仏の修復、仏像彫刻家、僧侶として活躍した著者ならではの絵解き仏教入門。（大成栄子）

選択本願念仏集 法然 石上善應訳・注・解説

全ての衆生を救わんと発願した法然は、ついに、念仏すれば必ず成仏できるという専修念仏を創造し、本書を著した。菩薩魂に貫かれた珠玉の書。

一百四十五箇条問答 法然 石上善應訳・解説

人々の信仰をめぐる百四十五の疑問に、法然が分かりやすい言葉で答えた問答集を、現代語訳して文庫化。これを読めば念仏と浄土仏教の要点がわかる。

植物記　牧野富太郎

万葉集の草花から「満州国」の紋章まで、博識な著者の珠玉の自選エッセイ集。独学で植物学を学んだ日々など自らの生涯もユーモアを交えて振り返る。

花物語　牧野富太郎

自らを「植物の精」と呼ぶほどの草木への愛情。その眼差しは学問知識にとどまらず、植物を社会に生かす道へと広がる。碩学晩年の愉しい随筆集。

クオリア入門　茂木健一郎

〈心〉を支えるクオリアとは何か。ニューロンの発火から意識が生まれるまでの過程の解明に挑む。心脳問題について具体的な見取り図を描く好著。

柳宗民の雑草ノオト　柳宗民・文　三品隆司・画

雑草は花壇や畑では厄介者。でも、よく見れば健気で可愛い。美味しいもの、薬効を秘めるものもある。カラー図版と文で60の草花を紹介する。

唯脳論　養老孟司

人工物に囲まれた現代人は脳の中に住む。脳とは檻なのか。情報器官としての脳を解剖し、ヒトとは何かを問うスリリングな論考。（澤口俊之）

スモールワールド・ネットワーク〔増補改訂版〕　ダンカン・ワッツ　辻竜平／友知政樹訳

たった6つのステップで、世界中の人々はつながっている！　ウイルスの感染拡大、文化の流行など様々な現象に潜むネットワークの数理を解き明かす。

ローマ帝国衰亡史（全10巻）　E・ギボン　中野好夫／朱牟田夏雄／中野好之訳

ローマが倒れる時、世界もまた倒れるといわれた強大な帝国は、なぜ滅亡したのか。一世紀から一五世紀までの壮大なドラマを、最高・最適の訳でおくる。

史記（全8巻）　司馬遷　小竹文夫／小竹武夫訳

中国歴史書の第一に位する「史記」全訳。帝王の本紀十二巻、封建諸侯の世家三十巻、庶民の列伝七十巻。さらに書・表十八巻より成る。

正史 三国志（全8巻）　陳寿　裴松之注　今鷹真ほか訳

後漢末の大乱から呉の滅亡に至る疾風怒濤の百年弱を列伝体で活写する。厖大な裴注をも全訳し、詳注、解説、地図、年表、人名索引ほかを付す。

専制国家史論　足立啓二

封建的な共同団体性を欠いた専制国家・中国。歴史的にこの国はいかなる展開を遂げてきたのか。中国の特質と世界の行方を縦横に考察した比類なき論考。

暗殺者教国　岩村忍

政治外交手段として暗殺をくり返したニザリ・イスマイリ教国。広大な領土を支配したこの国の奇怪な活動を支えた教義とは？　（鈴木規夫）

増補　魔女と聖女　池上俊一

魔女狩りの嵐が吹き荒れた中近世、美徳と超自然的力により崇められる聖女も急増する。女性嫌悪と礼賛の熱狂へ人々を駆りたてたものの正体に迫る。

ムッソリーニ　ロマノ・ヴルピッタ

統一国家となって以来、イタリア人が経験した激動の歴史。その象徴ともいうべき指導者の実像とは。既成のイメージを刷新する画期的ムッソリーニ伝。

資本主義と奴隷制　エリック・ウィリアムズ　中山毅訳

産業革命は勤勉と禁欲と合理主義の精神などではなく、黒人奴隷の血と汗がもたらしたことを告発した歴史的名著。待望の文庫化。　（川北稔）

文天祥　梅原郁

モンゴル軍の入寇に対し敢然と挙兵した文天祥。宋王朝に忠義を捧げ、刑場に果てた生涯を、宋代史研究の泰斗が厚い実証とともに活写する。　（小島毅）

歴史学の擁護　リチャード・J・エヴァンズ　今関恒夫／林以知郎／與田純訳

ポストモダニズムにより歴史学はその基盤を揺るがされた。学問を擁護すべく著者は問題を再考し、論議を投げかける。原著新版の長いあとがきも訳出。

増補　中国「反日」の源流　岡本隆司

「愛国」が「反日」と結びつく中国。この心情は何に由来するのか。近代史の大家が20世紀の日中関係を解き、中国の論理を描き切る。　（五百旗頭薫）

中国の城郭都市　愛宕元

邯鄲古城、長安城、洛陽城、大都城など、中国の城郭都市の構造とその機能の変遷を、史料・考古資料をもとに紹介する類のない入門書。　（角道亮介）

共産主義黒書〈ソ連篇〉
ステファヌ・クルトワ／ニコラ・ヴェルト 外川継男訳
史上初の共産主義国家〈ソ連〉は、大量殺人・テロル・強制収容所を統治形態にまで高めた。レーニン以来行われてきた犯罪を赤裸々に暴いた衝撃の書。

共産主義黒書〈アジア篇〉
ステファヌ・クルトワ／ジャン＝ルイ・マルゴラン 高橋武智訳
アジアの共産主義国家は抑圧政策においてソ連以上の悲惨を生んだ。中国、北朝鮮、カンボジアなどでの実態は我々に歴史の重さを突き付けてやまない。

ヨーロッパの帝国主義
アルフレッド・W・クロスビー 佐々木昭夫訳
15世紀末の新大陸発見以降、ヨーロッパ人はなぜ次々と植民地を獲得できたのか。病気や動植物に着目して帝国主義の謎を解き明かす。（川北稔）

民のモラル
近藤和彦
統治者といえど時代の約束事に従わざるをえなかった18世紀イギリス。新聞記事や裁判記録、ホーガースの風刺画などから騒擾と制裁の歴史をひもとく。

台湾総督府
黄昭堂
清朝中国から台湾を割譲させた日本は、新たな統治機関として台北に台湾総督府を組織した。抵抗と抑圧と建設。植民地統治の実態を追う。（檜山幸夫）

新版 魔女狩りの社会史
ノーマン・コーン 山本通訳
「魔女の社会」は実在したのだろうか？ 資料を精確に読み解き、「魔女」にまつわる言説がどのように形成されたのかを明らかにする。（黒川正剛）

増補 大衆宣伝の神話
佐藤卓己
祝祭、漫画、シンボル、デモなど政治の視覚化は大衆の感情をどのように動員したか。ヒトラーが学んだプロパガンダを読み解く「メディア史」の出発点。

ユダヤ人の起源
シュロモー・サンド 高橋武智監訳 佐々木康之／木村高子訳
〈ユダヤ人〉はいかなる経緯をもって成立したのか。歴史記述の精緻な検証によって実像に迫り、そのアイデンティティを根本から問う画期的試論。

中国史談集
澤田瑞穂
皇帝、彫青、男色、刑罰、宗教結社など中国裏面史を彩った人物や事件を中国文学の碩学が独自の視点で解き明かす。怪力乱「神」をあえて語る！（堀誠）

謎解き『ハムレット』　河合祥一郎

優柔不断で脆弱な哲学青年——近年定着したこのハムレット像を気鋭の英文学者が根底から覆し、闇に包まれた謎の数々に新たな光のもと迫った名著。

日本とアジア　竹内好

西欧化だけが日本の近代化の道だったのか。魯迅を敬愛する思想家が、日本の近代化、中国観・アジア観を鋭く問い直した評論集。（加藤祐三）

ホームズと推理小説の時代　中尾真理

ホームズとともに誕生した推理小説。その歴史を黎明期から黄金期まで跡付け、隆盛の背景とその展開を豊富な基礎知識を交えながら展望する。

文学と悪　ジョルジュ・バタイユ　山本功訳

文学にとって至高のものとは、悪の極限を掘りあてることではないのか。サド、プルースト、カフカなど八人の作家を巡る論考。（吉本隆明）

来るべき書物　モーリス・ブランショ　粟津則雄訳

プルースト、アルトー、マラルメ、クローデル、ボルヘス、ブロッホらを対象に、20世紀フランスを代表する批評家が、その作品の精神に迫る。

プルースト　読書の喜び　保苅瑞穂

『失われた時を求めて』がかくも人を魅了するのはなぜなのか。この作品が与えてくれる愉悦を著者鍾愛の場面を通して伝える珠玉のエセー。（野崎歓）

中国詩史　吉川幸次郎　高橋和巳編

中国文学において常に主流・精髄と位置付けられてきた「詩文」。先秦から唐宋を経て近代まで、平明な文章で時代順にその流れが分かる。（川合康三）

宋詩選　小川環樹編訳

唐詩より数多いと言われる宋詩から、偉大なる詩人達の名作を厳選訳出して解釈する。親しみやすい漢詩論としても読める、選者解説も収録。（佐藤保）

ペルシャの神話　岡田恵美子

天地創造神話から、『王書』に登場する霊鳥スィームルグや英雄ロスタムの伝説までをやさしく語る。ペルシャ文学の第一人者による入門書。（沓掛良彦）

アレクサンドロス大王物語　伝カリステネス　橋本隆夫訳

アレクサンドロスの生涯は、史実を超えた伝説として西欧からイスラムに至るまでの世界に大きな影響を与えた。伝承の中核をなす書物。（澤田典子）

西洋古典学入門　久保正彰

古代ギリシア・ローマの作品を原本に近い形で復原すること。それが西洋古典学の使命である。ホメーロスなど、諸作品を紹介しつつ学問の営みを解説。

貞観政要　呉兢　守屋洋訳

大唐帝国の礎を築いた太宗が名臣たちと交わした政治問答集。編纂されて以来、帝王学の古典として屹立する。本書では、七十篇を精選・訳出。

初学者のための中国古典文献入門　坂出祥伸

文学、哲学、歴史等「中国学」を学ぶ時、必須となる古典の基礎知識。文献の体裁、版本の知識、図書分類他を丁寧に解説する。反切とは？　偽書とは？

詳講 漢詩入門　佐藤保

二千数百年の中国文学史の中でも高い地位を占める古典詩。その要点を、形式・テーマ・技巧等により系統だてて、初歩から分かりやすく詳しく学ぶ。

シュメール神話集成　杉勇　尾崎亨訳

「洪水伝説」「イナンナの冥界下り」など世界最古の神話・文学十六篇を収録。ほかでは読むことのできない貴重な原典資料。豊富な訳注・解説付き。

エジプト神話集成　杉勇　屋形禎亮訳

不死・永生を希求した古代エジプト人の遺した、ピラミッド壁面の銘文ほか、神への讃歌、予言、人生訓など重要文書約三十篇を収録。

宋名臣言行録　朱熹編　梅原郁編訳

北宋時代、総勢九十六名に及ぶ名臣たちの言動を大儒・朱熹が編纂。唐代の『貞観政要』と並ぶ帝王学の書であり、処世の範例集として今も示唆に富む。

資治通鑑　司馬光　田中謙二編訳

全二九四巻にもおよぶ膨大な歴史書『資治通鑑』のなかから、侯景の乱、安禄山の乱など名シーンを精選。破滅と欲望の交錯するドラマを流麗な訳文で。

ちくま学芸文庫

中国《ちゅうごく》の思《し》想《そう》

二〇二四年十月十日　第一刷発行

著　者　村山吉廣（むらやま・よしひろ）

発行者　増田健史
発行所　株式会社　筑摩書房
東京都台東区蔵前二―五―三　〒一一一―八七五五
電話番号　〇三―五六八七―二六〇一（代表）
装幀者　安野光雅
印刷所　株式会社精興社
製本所　株式会社積信堂

ISBN978-4-480-51265-9 C0110